KB275982

교회
다니면서
큐티도 몰라?

교회 다니면서 큐티도 몰라?

이창용 지음

국제제자훈련원

(가나다 순)

인스턴트 은혜가 넘쳐나는 시대, 본래 성경의 뜻을 찾기 위한 참된 묵상이 아쉬운 시대이다. 이 책에는 어느새 잊혀진 성경의 저자들과 21세기의 성도들을 이어 주는 현장 사역자의 고민과 해법이 녹아 있다.

김광선 목사 사랑의교회 월요영성큐티 담당

말씀의 능력이 우리 심령을 아프게 하는 것은 옛사람의 사형을 의도하기 때문이고, 그 능력이 우리 삶을 은혜와 평강으로 충만케 하는 것은 새사람의 부활을 의도하기 때문입니다. 이 책을 통해 말씀의 소멸과 소성의 역사를 체험하고 새사람의 유업을 성취해 가는 한국교회가 되기를 간절히 소망합니다.

라채광 장로 『큐티가 어려우십니까?』 저자

큐티를 배우지만 꾸준히 하는 이는 적다. 그리고 큐티를 하고 있거나 했던 사람들이 가장 많이 겪는 고충은 다른 우선순위에 밀려 큐티할 시간을 확보하지 못한다는 것이다. 또한 큐티가 지속적으로 잘되지 않고 말씀의 적용이 어렵거나, 큐티가 타성에 젖어 매너리즘에 빠지기 쉬운 것이라고 말한다. 그리고 어떤 성경본문은 읽어도 이해가 잘되지 않는다는 것이다.

이 책의 저자는 목사이기에 마지못해 의무감으로 성도들에게 큐티의 이론만을 가르친 것이 아니라, 저자 본인이 아주 오랫동안 큐티를 해오면서 겪은 여러 경험들을 강의를 통하여 성도들에게 전달하였다. 오랫동안 큐티를 하면서 터득한 노하우와 시행착오에 기초하여 목회현장에서 자주 접하는 문제, 즉 큐티를 어려워하고, 큐티가 지속적으로 잘 되지 않아 고민하는 성도들을 돕기 위하여 훈련을 실시하였고, 훈련하는 과정에서 얻은 경험과 문제점을 이 책에서 제시하며 더불어 대안들도 제시한다.

단순히 주관적인 경험과 노하우를 나누는 것이 아니라 관련된 많은 인문 서적을 인용하면서 자기의 논지를 펴 나간다. 성경과 관련된 예도 자기의 묵상에 기초한 것들이다. 저자는 성경을 반복해서 읽을 것을 강조하며 큐티를 습관화하라고 한다. 아침 시간만을 고집하지 말고 자기만의 적당한 때를 확보하여 큐티하라고 도전한다. 논리적이고 분석적이기보다는 직관적이고 감정적인 한국인의 정서에 맞는 묵상을 하라고 독려하면서 비빔밥의 예를 들어 묵상의 개념을 설명한다.

큐티를 수차례 시도했다가 실패를 거듭하여 다시 시도해 볼 마음도 없는 성도들, 지속적으로 큐티가 잘되지 않는 성도들, 예전에는 큐티를 한 적이 있지만 현재는 아예 중단하고 있는 성도들, 더 깊은 큐티와 말씀에 순종의 삶을 살기를 원하는 성도들이 이 책을 읽고 큐티를 통해 기력을 회복하여 그분의 자녀다운 삶을 살고 더 깊은 신앙으로 나아가기를 바란다.

유미열 목사 성서유니온선교회

한국교회 성도들은 대체로 모든 면에서 열심이다. 열심만은 세계교회가 알아줄 정도다. 그런데 그런 열심이 다소 외적인 행위에 치우친 면이 있다는 지적을 받고 있다. 깊이 들어가기보다는 겉만 타고 있는 열심은 아닌지 살펴볼 때가 되었다. 내적 안정감과 영혼의 풍성함이 없는 열심은 언젠가 피로증후군에 빠질 위험성이 있다.

그리고 한국교회 성도들은 공적 신앙생활에는 열심이지만 개인적으로 주님과 교제하는 데는 약한 면이 있다. 공적 예배 참여뿐만 아니라 개인적으로 주님과의 친밀한 사귐을 지속적으로 유지하지 않는다면 안정된 신앙생활이라고 볼 수 없다. 외적인 헌신이나 열심만이 아닌 하나님의 말씀에 대한 관심과 열심을 가진 건강한 성도들이 많아져야 할 때가 되었다.

이창용 목사님은 오랫동안 묵상의 삶을 살기 위해 노력해 온 분이고, 실제로 목회현장에서 성도들에게 묵상의 삶을 가르쳐 온 현장 전문가이다. 저자가 큐티에 도움을 줄 수 있는 좋은 책을 써서 독자들을 섬길 수 있게 된 것은 한국교회를 위해서도 유익하다고 여겨진다. 특히 저자는 목회자의 애정을 이 책에 담아 성도들이 생활 속에서 큐티를 구체적으로 적용할 수 있도록 노력했다. 사실 성도들은 묵상의 삶을 원하지만 묵상을 어려워한다. 분명히 이 책은 모든 성도가 품고 있는 큐티에 대한 막연한 부담감을 없애 주고, 쉽고 흥미롭게 묵상의 삶으로 인도를 받을 수 있는 충실한 안내자 역할을 할 것이다. 말씀을 사랑하고 말씀을 따라 건강한 신앙생활을 하고자 하는 분들에게 이 책을 추천한다.

이규현 목사 수영로교회 담임

말씀의 홍수시대이다. 교회뿐만 아니라 방송, 인터넷, 심지어 손에 들고 다니는 스마트폰을 통해 말씀은 우리에게 가까이 다가와 있다. 그런데 우리는 여전히 말씀에 대한 갈증을 가지고 있다. 말씀과의 진정한 대면이 없기 때문이다. 큐티는 바로 이러한 갈증에 대한 해답이 될 것이다. 말씀이 우리 삶이 되기까지 이 책은 독자들을 인도할 것이다. 말씀을 통한 변화, 바로 그것이 우리가 교회 다니는 이유이다.

조성돈 교수 실천신학대학원대학교, 『교회 다니면서 그것도 몰라?』 저자

차례

"소리 내어 반복해서 읽기만 해도 말씀이 깨달아지고 그 말씀을 실천할 수 있었어요."

내가 강의하고 있는 큐티학교 수강생들이 자주 고백하는 내용이다. 신앙생활을 시작한 지 얼마 되지 않은 한 자매는 소리 내어 반복해서 읽기만 했는데 하루 종일 그 말씀이 머리에 남아 맴도는 것을 경험했다고 한다. 다른 형제는 성경을 반복해서 읽다가 마음에 찔림이 와서 그 자리에서 회개의 기도를 드렸다고 한다.

사람들은 큐티할 때 성경을 제대로 읽지 않는다. 그러니 말씀이 자신의 생각과 영혼에 스며들지 않는다. 성경을 소리 내어 읽으면 말씀이 귓속을 파고든다. 차갑게 식어 버려 딱딱해진 영혼의 고막을 울린다. 그리고 심령 골수를 찔러 쪼개는 것 같은 찔림과 도전을 받는다.

나는 큐티할 때 그날의 본문을 네 번 이상 소리 내어 읽는다. 소리 내어 읽는 이유는 육신의 귀를 통해 들리는 말씀을 영혼의 귀로 듣기 위해서다. 성경은 읽는 책이 아니라 듣는 책이라는 사실을 우리는 자주 간과한다. 처음부터 성경은 듣기 위해 소리 내어 읽어야 하는 책이었다. 우리는 소리 내어 성경을 읽는 '낭독'이라는 전통을 잃어버렸다.

성경을 소리 내어 읽는 것은 전통적인 묵상 방법이다. 성경을 '네 번 소리 내어 읽는 것'은 많은 이들이 소개하는 큐티 방법이면서, 또한 내가 성경을 읽고 묵상하면서 터득한 나의 방법이기도 하다. 나는 그날 주어진 성경 본문을 네 번 읽되, 성령의 조명하심과 음성을 듣기 위해 각각 다른 방법으로 소리 내어 읽는다.

첫 번째는 본문의 전체적인 흐름을 파악하기 위해 읽는다.

두 번째는 그날 눈에 띄는 구절이나 단어에 밑줄을 그으며 읽는다.

세 번째는 밑줄 그은 부분에 강세를 주어 읽는다.

네 번째 읽을 때는 강조한 부분이 본문에서 어떤 의미가 있는지 생각하며 읽는다.

이렇게 소리 내어 네 번을 읽으면 어느새 그날 강조하면서 읽은 구절을 중심으로 말씀이 나의 머리와 가슴에 들어와 있느

것을 발견한다. 거친 배춧잎에 양념이 배어들어 아삭한 김치가 되는 것처럼, 거칠게 생명의 기운을 쏟아내던 식물이 데쳐지고 무쳐져 나물이 되는 것처럼, 말씀이 나의 거친 심령 안에 들어와 배어들고 무쳐지는 본격적인 묵상이 시작된다. 묵상은 머리와 가슴 사이에서 말씀이 푹 익어 '삶과 말씀이 어우러진 비빔밥'이 되는 시간이다. 작은 소리로 읊조리고, 이해가 되지 않는 구절을 다시 살펴보고, 깨달음이 오면 즉시 기도하고, 기도 중에 떠오르는 단어를 다시 읊조려본다. 말씀이 고루 비벼질 때 제대로 된 깨달음을 얻게 된다.

지금까지의 경험으로 볼 때, 깨달음의 크기와 실천의 강도는 비례한다. 깊이 깨달을수록 삶에서 확실히 실천하게 되기 때문이다. 가장 경계해야 할 것은 깨달음이 없는 적용이다. 그래서 어떻게 실천할 것인가보다는 얼마나 깊이 깨달았는가에 더 집중하려고 한다. 이를 위해 순간순간 성령의 도움을 구한다. 성령께서 주시는 깨달음의 깊이만큼 나의 성품과 삶이 변화되기 때문이다.

얼마 전 "뜨겁게 서로 사랑할지니 사랑은 허다한 죄를 덮느니라”(벧전 4:8)는 말씀을 묵상하는데 성령께서 예수님의 질문을 생각나게 하셨다. “네가 나를 사랑하느냐?”(요 21:5). 예수님이 듣고 싶었던 것은 베드로의 변명이나 순종에 대한 각오가 아니었다. 진심 어린 사랑 고백이었다. 주님께서 ‘사랑하느냐?’라고 나에게 묻고 계신다는 생각이 들었다. 뜨겁게 피차 사랑하는 것 말고 내가 주님을 위해 할 수 있는 것이 아무것도 없음을 깨달았다. 그때 감사의 눈물이 뜨겁게 솟구쳤다. 그리고 나도 절절하게 고백했다. “주님 사랑합니다.”

『쉽게 다시 시작하는 비빔밥 큐티』라는 제목으로 책을 낸 지 3년이 지났다. 그동안 “한국인의 성경묵상”이라는 주제로 수영로교회 큐티학교와 여러 곳에서 강의를 해왔다. 이 책은 지금까지 큐티학교에서 강의한 내용을 토대로 썼다. 이전에 큐티와 관련해서 책을 썼는데, 또 시중에 같은 주제의 책들이 많이 있는데, 군이 새로운 책을 다시 낼 필요가 있는지 스스로 묻고 답해 보았다. 그리고 나는 다음과 같은 이유 때문에 이 책이 필요하다는 결론을 내렸다.

1. 교회마다 큐티습관을 길러주는 안전장치를 마련해주기 위해

강의 한두 번 들었다고 큐티가 되는 것은 아니다. 큐티는 습관이다. 강의보다 더 중요한 것은 어떻게 큐티 습관을 기를지의 문제이다. 그래서 큐티학교가 필요하다. 영국 런던대학교 제인 워들 교수팀의 연구 결과에 의하면, 사람이 습관을 형성하는 데 평균 66일이 걸린다고 한다. 그런 점에서 본다면 적어도 10주간 큐티를 할 수 있도록 도전하고 도와주며 점검해주는 안전장치가 필요하다. 그것이 바로 큐티학교이다.

이 책을 내고 싶은 첫 번째 이유는 곳곳에서 큐티학교가 개설되었으면 좋겠다는 바람 때문이다. 성도들이 큐티를 배우고 큐티를 습관화할 수 있도록 돕는 큐티학교가 각 교회마다 있었으면 좋겠다. 나는 큐티학교에 참석하는 학생들에게 자주 이렇게 말한다. "여러분, 큐티를 하다가 잘되지 않으면 언제라도 다시 큐티학교로 오세요. 그리고 다시 시작해 보는 겁니다." 만약 여러분의 교회에 큐티학교나 큐티훈련그룹이 있다면 언제라도 성도들을 큐티하도록 도울 수 있을 것이다. 이 책은 그렇게 큐티학교를 운영하려는 이들을 위해, 또 스스로 큐티에 대해 도전받고 큐티를 다시 시작하려는 사람들을 위해 썼다.

2. 묵상을 위한 성경 읽기 방법을 알려주기 위해

흔히 큐티라고 하면 성경을 읽고 묵상하고 기도하는 시간을 말한다. 그런데 정작 큐티를 가르치면서 제대로 된 성경 읽기 방법은 알려주지 않는 경우가 많다. 아마도 독서법은 이미 누구나 잘 알고 있을 것이라는 생각 때문인 것 같다. 어떤 경우는 성경 읽기 방법이 아니라 귀납적 성경연구 방법을 알려주고 그 방법으로 큐티하라고 가르치기도 한다. 물론 큐티를 하다 보면 어떤 본문은 연구가 필요한 부분도 있다. 그렇지만 기본적으로 큐티는 성경을 반복해서 읽는 시간이다.

성경을 읽는 이유는 묵상할 말씀을 간직하기 위해서다. 그러므로 성경을 아무리 많이 반복해서 읽었다 할지라도 묵상할 말씀을 간직하지 못했다면 제대로 성경을 읽었다고 말할 수 없다. 이 책은 성경 읽기를 소개하는 책이다. 나는 묵상을 위한 성경 읽기 방법을 소개할 것이다. 성경만 잘 읽어도 얼마든지 큐티를 통해 하나님의 음성을 듣고 하나님과 교제할 수 있기 때문이다.

3. 묵상을 통해 어떻게 더 깊은 깨달음을 얻게 되는지 알려주기 위해

큐티시간에 잠깐 묵상하는 것으로 묵상을 다 했다고 만족해서는 안 된다. 입에서 떠나지 말게 하고 주야로 묵상하라는 말씀의 의미를 바르게 이해하고 그대로 실천하려면 아침에 잠깐 성경 읽고 생각하는 것으로 끝내서는 안 된다. 하루 종일 아침에 읽은 말씀을 기억하려고 노력해야 하고, 그 말씀이 내 입에 붙어 있게 해야 한다. 그래서 묵상을 위해서는 오늘 받은 말씀을 자신의 마음과 생각 속에서 푹 익히는 시간이 필요하다. 그 시간은 성령께서 우리의 심령에 깨달음을 주시는 시간이다.

말씀을 묵상하다가 깨달음이 오면 자연스럽게 삶 속에서 실천하게 된다. 그것이 바로 말씀의 힘이요 성령의 능력이다. 이 책은 어떻게 묵상을 통해 깨달음을 얻게 되는지, 깨달음과 적용의 관계와 역학을 소개하고 더 깊은 깨달음으로 인도하기 위한 방법들을 제시할 것이다.

가끔 "큐티학교 고급과정은 없나요?"라는 질문을 받는다. 고급과정은 깊은 묵상의 과정이다. 이것은 학교에서 가르칠 수 있는 내용이 아니다. 이것은 철저하게 각 개인이 성령 안에서 도달해야 하는 묵상 고수의 경지다. 이론적인 묵상 고수가 아니라 정말 말씀묵상을 통해 깊은 은혜의 경지에 이르도록 스스로 훈련해야 한다. 이 책은 그 경지로 가는 길을 알려주는 나침반이 되기를 바라는 마음으로 썼다.

그동안 큐티학교 강의를 녹취하여 정리해주신 최선정 집사님, 부족한 원고를 읽고 신실하게 조언해주신 김미진 집사님과 김인숙 집사님, 그리고 기도로 후원해주신 수영로 큐티학교 간사님께 감사를 드린다. 늘 하나님 앞에서 부끄러울 것이 없는 일꾼으로 쓰임 받도록 도전하고 기도로 후원해준 아내 화덕신 사모와 은혜의 시작인 시은이 그리고 뜻밖의 선물, 사랑하는 아들 연우를 주신 하나님께 감사드린다.

Part 1
말씀을 맛보라

1장

말씀을 **밥**처럼
쉽게 먹을 수는 없을까?

큐티가 뭐길래

언젠가 한 성도가 찾아와서 이렇게 물었다.

"목사님, 큐티 그거 꼭 해야 합니까?"

나는 솔직하게 대답했다.

"큐티 안 한다고 천국에 못 들어가는 것은 아닙니다. 그렇지만 이 땅에서 천국의 삶을 살고 싶다면 큐티가 필요합니다."

큐티를 하지 않는다고 하늘에서 벼락이 치고, 잘되던 일이 안 되고, 실수가 잇따르고, 영적 침체가 찾아오는 것은 아니다. 그렇다면 왜 큐티를 꼭 해야 할까?

신앙생활을 시작하고, 조금이라도 신앙양육이나 훈련을 받아본 사람이라면 큐티 강의 한 번쯤은 들어보았을 것이다. 초

신자를 위한 웬만한 신앙훈련이든, 선교사로 나가기 위한 준비 훈련이든 큐티와 관련된 강의나 프로그램은 빠지지 않고 등장한다. 그런 점에서 보면 큐티는 신앙생활을 훈련하는 데 있어서 가장 기초가 된다.

그런데 막상 훈련에 참여하고, 양육을 받는 성도들에게 물어보면 훈련과정 중 제일 힘든 과목이 큐티라고 한다. 어떤 이는 큐티만 없으면 얼마든지 훈련받겠다고 서슴없이 말한다. 도대체 큐티가 뭐길래 그토록 중요하고, 그토록 사람을 귀찮게 하는 것일까? 사람들은 왜 큐티를 어려워할까?

나는 고등학교 시절에 처음 큐티를 접했다. 그때부터 30년 가까이 큐티를 해오고 있다. 지금까지 큐티를 해왔지만 아직도 큐티는 어렵다는 생각을 지울 수 없다. 큐티가 어려운 이유는 방법을 모르거나 성경이 어려워서라기보다는 습관이 붙지 않았기 때문이다. 큐티를 강조하시는 분들의 이야기를 들으면, 사람이 육체를 위해 밥을 먹듯, 신자는 영혼을 위해 영적 양식을 먹어야 한다고 한다. 영적 양식을 먹는 것이 곧 큐티다. 그러니 큐티는 신자라면 누구나 밥을 먹듯 당연히 해야 하는 일이라고 한다.

참 맞는 말이다. 그 사실을 인정하지만 사람들의 진짜 속내는 이렇다. 큐티가 그렇게 밥 먹듯 당연한 일이라면 정말 밥처럼 쉽고 편안하게 먹을 수는 없을까? 그러다가 문득 깨닫게 되었다. 밥을 먹는 것이 큐티인데, 정작 밥을 먹는 법을 제대로 배우지 못했다는 것이다. 지금까지 큐티와 관련된 강의나 서적을 통해 밥 먹는 법을 배운 것이 아니라, 밥 짓는 법을 배웠던 것이다. 물론 나도 사람들에게 밥을 먹으라며, 밥 짓는 법만 열심히 알려주고, 가르쳤던 것 같다. 큐티학교는 먹는 걸 배우는 곳이다. 다른 곳에서 무엇을 배웠든 그것은 좀 내려놓고 말씀 먹는 법을 배워보자.

습관의 힘

어느 날 도서관에 불이 나서 도서관 안에 있는 모든 장서가 타버리고 겨우 책 한 권만 남았다. 그 책은 지루하고 재미없는 책이었기 때문에 가난한 남자에게 단돈 몇 센트에 팔렸다. 그런데 그 책에는 사실 돈으로 환산할 수 없을 정도로 엄청난 내용이 담겨 있었다. 책 뒷장에 둥글고 큰 글씨로, 닿기만 하면 모든 것을 순금으로 변화시킬 수 있는 '접촉의 돌'에 대한 비밀이 적혀 있었던 것이다.

그 책에 의하면 접촉의 돌은 흑해 해변에 수천 개의 다른 돌들과 함께 묻혀 있으며, 외관상 일반 돌들과 다르지 않지만 한 가지 차이점이 있었다. 보통 돌은 만졌을 때 차갑지만, 접촉의 돌은 마치 살아 있는 것처럼 따뜻한 기운이 돈다고 했다.

가난한 남자는 뜻밖의 행운에 기뻐했다. 그는 자신이 가진 모든 것을 팔고, 큰돈을 빌려 접촉의 돌을 찾기 위해 흑해로 떠

났다. 그러고는 해안가에 천막을 치고 접촉의 돌을 찾아 쉼 없
는 작업을 시작했다.

남자는 다음과 같은 방법으로 일했다. 우선 돌 한 개를 만져
본 후 차가우면 돌을 바닷속으로 던졌다. 그냥 해변에 내려놓
으면 같은 돌만 수십 번씩 만져봐야 할지도 모르기 때문에, 한
번 만져본 돌은 그대로 바닷속으로 던져버렸던 것이다. 남자
는 매일매일 끈질기게 돌을 고르는 작업을 계속했다. 돌 한 개
를 주워보고 차가우면 바다로 던졌고, 또 다른 돌을 줍는 동작
을 끝도 없이 되풀이했다. 남자는 그렇게 일주일, 한달, 그리고
일 년을 보내버렸다. 갖고 있던 돈이 다 떨어지자 남자는 또다
시 돈을 빌린 다음 흑해로 돌아와서 돌 고르는 작업을 계속했
다. 늘 같은 방법으로, 돌 하나를 주워서 만져보고 차가우면 바
다로 던졌다. 여러 날 동안 기계처럼 같은 작업을 되풀이했지
만 접촉의 돌을 찾을 수 없었다.

어느 날, 남자는 평소와 같이 돌을 한 개 집어들었다. 그런데
그 돌은 다른 돌들과 달리 따뜻했다. 드디어 책에서 말한 '접촉
의 돌'을 발견한 것이다. 그러나 감격도 잠시, 습관의 힘이 어찌
나 강했던지 남자는 돌을 집어든 순간 자신도 모르게 그 돌을
흑해로 던져버렸다.

한번 습관이 되면 무의식적으로 늘 그 일을 반복해서 하게
된다. 관성의 법칙처럼 말이다. 그래서 습관이 중요한 것이다.
오늘 하루를 가만히 생각해 보라. 습관의 지배를 받았던 시간

이 얼마나 되는지 살펴보라. 의외로 상당한 시간을 그와 같은 습관에 끌려 생활하고 있었음을 알게 될 것이다.

큐티를 어렵게 생각하는 사람들은 그 이유를 이렇게 말한다.

1. 어떻게 하는지 잘 모르겠다.

2. 성경의 내용이 너무 어렵다.

3. 매일 해야 한다는 것이 부담스럽다.

4. 큐티가 중요한 것은 아는데 큐티하는 것을 잘 잊어버린다.

큐티 방법은 앞으로 설명할 것이다. 성경은 어떤 사람에게는 쉽고, 어떤 사람에게는 어렵다. 어느 수준에서 성경을 읽느냐에 따라 독자에게 성경의 난이도는 천차만별이다. 큐티와 관련해서 성경이 어렵다는 말은 대체로, 성경은 읽었는데 나에게 다가오는 말씀이 없다는 뜻이다. 매일 큐티가 잘 안 되는 것은 큐티의 중요성을 몰라서가 아니라 큐티가 아직 생활습관으로 배어 있지 않기 때문이다.

사실 큐티는 습관이다. 큐티는 습관으로 하는 것이다. 큐티는 삶의 태도요, 그 사람의 가치관이다. 습관을 기르려면, 거기다 가치관을 변화시키려면 한두 번 강의 듣는 것으로, 몇 번 큐티하는 것으로는 불가능하다. 그래서 큐티가 어려운 것이다. 많은 경우 큐티 강의를 들으면 '별거 아니구나. 나도 할 수 있겠네' 하는 생각이 든다. 그런데 막상 집에 돌아와서 큐티를 하려면 그게 좀처럼 되질 않는다. 나의 계획과 상관없이 성경책 한 번 펼쳐보지 못한 채 오늘 하루를 보내기 쉽다.

어떤 분이 찾아와서 이렇게 묻는다.

"큐티학교, 그거 10주간이나 할 내용이 있습니까?"

그때 나는 대답한다.

"맞아요. 큐티학교, 10주 동안 할 내용은 아니죠. 그렇지만 큐티에 습관을 붙이려면 10주로는 많이 부족합니다."

큐티학교에서 10주간 함께하면서 가장 중요하게 배우는 것이 있다. 그것은 하나님의 말씀을 대하는 자세다. 하나님의 말씀을 대하는 태도와 습관을 기르는 곳이 큐티학교다. 큐티하는 습관이 길러지면 무슨 일이 생겨도 아침에 일어나자마자 큐티로 하루를 열게 된다. 그러나 이렇게 큐티하는 습관을 기르기 위해서는 평생 습관으로 배어 있던 생활방식을 바꿔야 한다. 그렇지 않으면 불가능하다.

매일 큐티를 해보겠다고 결심한 사람들이 큐티는커녕 성경 한번 펼쳐보지 못하는 이유가 바로 여기에 있다. 습관을 기르자. 습관을 기르기 위해서는 단순하게 지속적으로 반복하는 수밖에 없다. 오늘 실패했더라도 내일 다시 시도하자. 그렇게 한 달만 자기 자신과 싸우면 어느 정도 큐티하는 습관이 붙을 것이다. 그러나 방심하지는 말라. 옛 습관이 지닌 관성이 힘이 여전히 살아 있음을 잊지 말라.

하나님과 만나는 시간

　　　　성경 지식이 많다고 해서 하나님을 잘 아는 것은 아니다. 많은 비가 내린다고 식물이 자라는 것은 아닌 것처럼 말이다. 오히려 많은 비에 흙이 씻겨 나가고, 뿌리가 드러나 결국 뽑히기도 한다. 식물을 자라게 하는 것은 많은 비가 아니라 때맞춰 내리는 보슬비다. 또 아침마다 소리 없이 맺혀 온 대지를 적시는 이슬이다. 이들이 땅속에 들어가 양분이 되어 싹을 틔우고 자라게 한다.

　신앙생활도 마찬가지다. 설교 말씀을 많이 들었다고 삶에서 급격한 변화가 즉시 일어나는 것은 아니다. 말씀 한 구절, 한 단어가 심령에 스며들 때 작은 변화가 일어난다. 하나님의 말씀이 지식이 아니라 인격적인 말씀으로 다가오는 것을 경험해야 한다. 하나님과 교제한다는 것은 하나님을 지식이 아니라 인격으로 경험하는 것이다. 하나님은 말씀을 통해 나의 심령과 삶에 자신의 존재를 드러내신다. 하나님과 함께하는 즐거움을 경험하게 되면, 하나님을 닮은 거룩한 사람으로 변화된다.

　성경은 하나님께서 자기 형상 곧 하나님의 형상대로 남자와 여자를 창조하셨다고 한다(창 1:27). 하나님께서 자기 형상대로 사람을 만드신 이유가 무엇일까? 사람이 하나님의 형상대로 창조된다면 하나님처럼 높아지려는 타락의 길로 나아갈 것을 하나님은 알고 계셨다. 그럼에도 사람을 자기 형상대로 창조하셨다. 그것은 하나님이 사람과 교제하기 원하셨기 때문이다. 하나님은 창조 이래로 끊임없이 사람과 대화하기를 원하고 계신다. 아담과 하와가 하나님을 피하여 숨기 시작한 이후부터 사람은 하나님을 피해 숨으려 하고, 하나님은 사람과 교제하기 위해 찾아오고 계신다. 그래서 성경은 말씀한다.

너희를 불러 그의 아들 예수 그리스도 우리 주와 더불어 교제하게 하시는 하나님은 미쁘시도다(고전 1:9)

하나님은 피상적인 관계를 원하지 않으신다. 하나님은 직접 그의 사람들을 만나고 싶어 하신다. 누군가에게 들었던 하나님이 아니라, '나의 주 나의 하나님'으로 우리 입술로 직접 고백하길 원하신다. 어쩌면 당연한 듯하지만, 하나님의 아들이신 예수님도 하나님과 교제하셨다. 대부분의 사람들과 마찬가지로 예수님도 매우 바쁘게 사셨지만 하나님과 대화하는 것을 소홀히 하지 않으셨다(마 14:22-23, 막 1:35, 6:46, 눅 6:12).

예수님의 삶 중심에는 하나님 아버지와의 친밀한 관계가 자리하고 있었다. 자신에게 요구되는 전적인 사명은 하나님의 뜻을 행하는 것임을 분명히 알고 계셨다(요 5:19). 예수님은 하나님 아버지와 아주 친밀한 관계를 누리셨는데 심지어 하나님을 "아바 아버지"라고 부르셨다. '아바'(Abba)는 '아빠'처럼, 어린아이가 부모에 대해 갖는 친밀함과 사랑과 신뢰를 나타내는 말 아닌가! 예수님은 제자들에게 하나님과의 교제가 무엇인지를 직접 보여주셨다. 예수님처럼 제자들도 하나님과 친근할 수 있기를 바라셨다.

형식적이고 시간 때우기 식의 피상적인 만남, 속마음을 읽지 못하는 표면적인 대화를 통해서는 결코 하나님과 친밀한 만남을 기대할 수 없다. 우리는 예수님을 통해 하나님과 만남의 자리로 담대히 나아가게 되었다.

> 우리에게 있는 대제사장은 우리의 연약함을 동정하지 못하실 이가 아니요 모든 일에 우리와 똑같이 시험을 받으신 이로되 죄는 없으시니라 그러므로 우리는 긍휼하심을 받고 때를 따라 돕는 은혜를 얻기 위하여 은혜의 보좌 앞에 담대히 나아갈 것이니라(히 4:15-16)

우리는 모두 하나님과 직접 교제하는 특권을 부여받았다. 이 사실을 근거로 우리는 예수 그리스도를 의지하여 담대히 하나님 앞으로 나아가서 교제하면 된다. 믿음으로 담대히 하나님께 나아갈 때 우리는 살아 있는 하나님의 말씀을 경험하게 될 것이다.

큐티는 하나님의 말씀인 성경을 통해 하나님과 교제하는 시간이다. 예수님은 "너희가 내 안에 거하고 내 말이 너희 안에 거하"게 될 때(요 15:7) 참된 교제를 나눌 수 있다고 말씀하셨다. 이 말씀은 성도의 심령에 말씀이 머무는 상태가 바로 성도가 주님 안에 거하며 교제하는 상태라는 뜻이다. 그러므로 하나님과 교제하기 원하고, 하나님과 깊은 관계를 맺기 원한다면 하나님의 말씀에 머물러야 한다. 말씀에 머물며 하나님과 교제하는 시간이 바로 경건의 시간, 큐티다.

영적으로 성장하는 시간

살아 있는 하나님의 말씀을 기록한 책이 바로 성경이다. 토니 존스는 살아 있는 성경을 죽은 성경으로 만드는 잘못된 묵상법에 대해 이렇게 말한다.

우리는 성경을 읽거나 묵상하면서 해부 과정을 밟을 때가 많다. 먼저, 하나님이 주신 성경의 생생함을 죽인다. 그러고 나서 성경 본문을 읽기보다는 각종 주석에 있는 해설을 읽는 데 더 많은 시간을 들인다. 그리고 성경을 냉동고에 보관하려고 할 때, 성경은 방부제 속에 담긴 고대의 전설로 변하고 만다. 그런 식의 성경 읽기는 그리스도인들이 거룩한 책을 이해해왔던 방법과는 완전히 다르다….

이제는 다른 관점으로 성경을 보고자 한다. 나는 오래된 방식에 관심이 많다. 우리 자신을 성경 아래 두고, 우리가 성경을 해석하는 것이 아니라, 성경이 우리를 해석하도록 하는 것이다. 이것이 바로 하나님의 음성을 듣는 성경 읽기다.

성경이 살아 있다는 것이 왜 중요할까? 성경이 살아 있어야 그 성경을 읽는 독자의 삶에 변화가 일어나기 때문이다. 성경은 단순히 정보전달을 위한 도구가 아니다. 성경은 사람의 영적 변화를 위해 쓰였다. 그래서 사도 바울은 디모데에게 성경 말씀은 하나님께서 감동을 주셔서 기록되었기 때문에 진리를 가르쳐주며, 삶 가운데 무엇이 잘못되었는지 알게 해주며, 그 잘못을 바르게 잡아주고 의롭게 사는 법을 가르쳐준다고 했다. 성도는 말씀을 통해 하나님을 바르게 섬기는 자로 준비되고, 모든 좋은 일을 할 수 있는 사람으로 자라게 된다(딤후 3:16-17)고 권면했던 것이다.

흔히 말하는 영적 성장을 위한 도구에는 이런 것들이 있다.

1. **복음전도** : 복음을 전하면 모호하고 이론적이었던 신앙이 체험과 함께 분명해져 영적 성장에 도움이 된다.

2. **경건서적 읽기** : 각종 주제의 책과 간증을 읽는 것은 균형 잡힌 영적 성장에 도움이 된다.

3. **기도생활** : 기도는 하나님과 교제하는 시간이요, 하나님의 임재를 경험하는 좋은 방법이다.

4. **말씀묵상** : 성도의 삶에 하나님의 말씀이 살아 있게 만드는 좋은 방법이며, 구체적인 삶의 적용을 통해 영적 성장에 도움이 된다.

이 중에서 말씀묵상은 영적 성장을 위한 나머지 도구를 모두 포함한다. 우리가 제대로 말씀묵상을 하게 된다면 묵상 중에 깨달은 말씀으로 복음을 전할 수 있다. 최고의 경건서적은 하나님의 말씀인 성경이기 때문에 성경을 읽고 묵상하는 것만큼 영적 성장에 도움이 되는 일은 없을 것이다. 또한 말씀을 묵상하다 보면 깨달은 말씀을 붙들고 자기 자신과 다른 사람을 위해 기도하게 된다. 그래서 말씀묵상은 영적 성장의 밑거름이다. 말씀묵상을 통해 영적 성장을 경험하려면, 성경을 배우는 방법에 대해 바른 이해가 필요하다. 성경을 배우는 데는 다음과 같은 방법들이 있다.

첫 번째는 통독이다. 통독은 성경을 소리 내어 빠른 시간에 읽는 방법을 말한다. 통독은 성경을 전반적으로 이해하고, 전체 흐름을 잡는 데 아주 유익하다. 그런데 성경통독에 대한 오해 중 하나는 통독을 1년에 한 번 성경 전체를 읽는 것으로 생각하는 것이다. 통독은 '날 잡아서, 쪽!' 읽는 것이다. 빠른 시간에 성경 전체를 읽는 것을 말한다.

창세기 1장에서 요한계시록 22장에 이르는 성경 전체 장수는 1,189장이다. 1,189장이라고 하면 굉장히 많은 분량처럼 느껴진다. 그런데 성경 전체를 읽는 데 소요되는 시간을 계산해 보면 생각보다 그렇게 긴 시간이 아니라는 것을 알 수 있다. 성경 한 장을 읽는 데 평균 3분 정도 걸린다면 대략 3,600분이 소요된다. 3,600분은 60시간이다. 만약 하루에 열 시간 성경을 읽는다면 6일이면 모두 읽을 수 있는 분량이다. 물론 산술적인 계산이기에 무리가 따르기는 하지만, 성경을 일독하는 데 굳이 1

년이라는 시간을 들일 필요가 없다는 말이다. 간혹 「성경 읽기표」에 있는 '매삼오주', 매일 석 장, 주일 다섯 장을 읽도록 짜여 있는 읽기표를 따라 성경을 읽는 성도들도 있다. 이것은 성경통독이라고 할 수 없으며, 엄밀하게 따지면 묵상에 가까운 성경 읽기라고 할 수 있다.

바른 성경통독은 성경 전체를 한 번에 읽지 않더라도, 신약의 사복음서를 한 번에 읽어 보겠다고 결심하고 날 잡아서 쭉 읽는다든지, 구약의 모세오경(창세기, 출애굽기, 레위기, 민수기, 신명기)을 한 번에 쭉 읽으면서 전체의 흐름을 이해하며 그 가운데서 주시는 깨달음과 은혜를 누리는 것이다. 그렇게 통(通)으로 읽는 것이 바로 통독(通讀)이다.

성경을 배우는 두 번째 방법은 본문의 뜻과 의미를 살피거나 주제를 공부하는 성경연구이다. 귀납적 성경연구라든지, 신구약 중 한 권을 선택해서 공부하는 그룹성경연구, 성경 본문에 대해 연구한 분에게 강의를 듣는 것을 포함한다. 성경연구는 성경에 대해 보다 깊은 지식과 더 깊은 통찰로 나아가는 데 많은 도움을 준다. 그런데 과거에 큐티를 연구라는 개념으로 이해하는 경우가 있었다. 그래서 연구와 묵상을 겸하는 큐티를 강조하기도 했다. 묵상을 하다 보면 물론 어느 정도의 말씀연구 과정을 수반하게 된다. 그렇지만 연구와 묵상을 겸하는 것은 엄밀히 말하면 성경연구라고 하는 것이 더 정확할 것이다.

세 번째는 암송이다. 암송은 성경을 읽거나 묵상하다가 특별한 몇 구절을 외우는 것을 말한다. 암송을 통해 간직한 말씀은 복음전도나 위기의 순간에, 때로 위로가 필요한 순간에 성령께서 기억나게 하신다. 우리가 잘 아는 "이 율법책을 네 입에서 떠나지 말게 하며 주야로 그것을 묵상"(수 1:8)하는 비결이 바로 암송이다. 암송은 한 절, 여러 절, 시편의 경우에는 한 편을 외우기도 한다. 이렇게 외우는 과정에서 말씀을 반복해서 읽고, 되새기게 되어 우리의 온몸과 영혼에 새겨지게 되는 것이다. 내 경우에도 초등학교 2학년 때, 저녁예배 시간에 어른들 앞에서 외웠던 시편 23편 말씀이 수십 년이 지난 지금도 남아 있고, 수시로 그 말씀이 떠오른다.

네 번째는 반복적으로 작은 소리로 읊조리며 말씀을 생각하는 묵상이다. 성경을 암송하는 수준까지는 아니지만 한 절 혹은 몇 구절을 반복적으로 읊조리며 생각하다 보면 말씀이 자신의 존재와 삶에 부딪혀 하나님의 살아 있는 말씀을 경험하게 된다.

위에서 언급한 방법 중에서 묵상이 가장 중요하다. 지금까지 살펴본 통독이나 연구, 그리고 암송의 과정에 묵상이 더해질 때 성경말씀이 자신의 것이 되고, 삶을 변화시키는 살아 있는 하나님의 말씀이 되기 때문이다.

성경을 읽는 시간

"하늘 천 따 지 검을 현 누를 황…" 아무리 한자에

대해 아는 것이 열 손가락 안팎이라도 다들 이 정도는 안다. 그런데 정작 그 뜻을 물으면 난감해진다. 하늘은 검고, 땅은 누렇다?

천지현황(天地玄黃) : 하늘은 깨닫기 어렵고 땅은 풍요롭다, 우주는 무한하고 변화 무쌍하구나.

천자문의 깊은 뜻을 제대로 이해하고, 헤아리는 사람은 얼마나 될까? 천자문을 뗐다는 말은 단순히 1,000개의 한자를 외웠다는 말이 아니다. 그 천자문에 담겨 있는 천륜(天倫)과 인륜(人倫)에 대한 이치를 1,000개의 한자를 통해 깨달았다는 말이다.

'서당개 3년이면 풍월을 읊는다'는 속담은 누구나 안다. '식당개 3년이면 라면을 끓인다'는 우스갯소리도 있다. 언젠가 TV 프로그램에서 정말 식당개가 라면을 끓이는 장면을 보았다. 식당에서 생활하는 개 한 마리가 나와서 가스불을 켜고, 물을 붓고, 라면을 끓이는 게 아닌가! 주둥이를 이리저리 움직여 라면을 끓였다. 참 신기하기도 하고, 황당하기도 했다. 그런데 식당개가 끓인 라면, 그거 맛있을까? 식당개가 과연 라면의 맛을 알까? 식당개가 라면을 끓일 수는 있어도, 맛깔나게 끓여낼 수는 없다. 그처럼 서당개가 아무리 풍월을 '하늘 멍, 땅 멍' 하며 읊는다 해도 절대 그 깊은 뜻은 알 수 없다.

언젠가 인터넷에서 성경을 펼쳐놓고 열심히 무언가를 듣고 있는 사람의 사진을 본 적이 있다. 그 사진 속에 나오는 성경책이 아주 인상적이었다. 얼마나 읽었던지 성경의 각 페이지들이 너덜너덜했다. 또 여러 가지 색으로 줄이 그어져 있고, 깨알 같은 글씨가 가득 적혀 있었다. 그런데 그 성경책의 주인을 알고는 상당히 충격을 받았다. 그 책 주인은 요즘 한국교회와 사회를 혼란스럽게 만드는 이단에서 주최하는 성경공부에 참여하고 있는 사람이었다. 그 사진을 보다가 문득 책상 위에 있는 내 성경을 보았다. 그 사람의 성경에 비하면 내 책은 깨끗해도 너무 깨끗했다. 물론 성경의 낡기로 성경에 대한 열정과 성경을 읽은 정도를 판단할 수는 없다. 그러나 마음 한켠에서 부끄러운 마음과 함께 도전의식이 생기는 것을 느꼈다.

'오직 성경'(*Sola Scriptura*), 종교개혁의 역사는 성경 번역의 역사요, 성경 읽기의 역사라고 해도 과언이 아니다. 우리가 아는 종교개혁자들은 당시 라틴어 성경을 자국어로 번역하는 일을 했다. 마르틴 루터는 독일어로, 존 위클리프는 영어로 성경을 번역했다. 사제들의 전유물처럼 여겨졌던 성경을 성도들의 손에 쥐어주려고 목숨을 걸고 번역했던 것이다. 종교개혁의 소용돌이가 한참이던 1531년, 토마스 모어에게 보낸 윌리엄 틴데일의 편지에는 이런 내용이 있다.

제가 세속적인 목적으로 번역을 한다면 천국에서 어떤 상급도 받지 못할 것입니다. 천국에 가기 위해 또는 천국보다 더 높은 곳에 가려고 이 일을 한다면 아무런 보상도 얻지 못할 것입니다. 저는 우리 형제이기도 한 이웃을 사랑하기에 성경을 번역합니다. 예수님은 우리 대신 피를 흘리셨기 때문에 사랑받고도 남을 분입니다.

1536년 벨기에에서 영국 첩자에게 잡혀 이교도라는 판결을 받고 사형 당할 때까지 그는 끊임없이 성경을 영어로 번역하는 일을 했다. 그의 열정으로 결국 영어성경이 인쇄되어 영국 전역에 퍼져나가게 되었다. 그리고 1611년 영국 왕 제임스 1세가 공인한 번역본, 킹제임스 성경의 90퍼센트는 윌리엄 틴데일의 표현을 따랐다고 한다.

종교개혁을 통해 성도들은 누구나 성경을 가질 수 있게 되었고, 언제라도 자기 나라의 말로 읽을 수 있게 되었다. 오늘날 세상에서 가장 많이 팔린 책이 성경이라고 하지 않는가! 그런데 정작 현실은 어떠한가? 성경은 손에 들었는데, 그 성경을 읽는 사람은 좀처럼 찾아보기 어려워지고 있지 않은가? 오늘날 교회에는 성도들이 성경을 굳이 가져오지 않아도, 또 들고 왔던 성경을 애써 찾지 않아도 얼마든지 성경말씀을 읽고 들을 수 있는 세상이 되었다. 또 기독교 방송과 인터넷 매체를 통해 성경말씀과 각종 설교를 언제라도 들을 수 있다. 그러다 보니 성경과 신앙생활에 대한 지식이 넘쳐나고 있지만 정작 성경을 펼쳐 읽는 사람을 찾아보기 힘든 것이 현실이다.

천자문의 '천지현황'에 대해 물으면 당황하는 사람들처럼, 성경말씀을 제대로 이야기하려고 하면 손사래를 치는 것이 오늘의 현실인 것 같아 안타깝다. 종교개혁자들이 목숨을 바쳐가며 지키고, 전하려 했던 그 성경이 이제는 너무 흔해서 그 소중한 가치마저 잊혀지고 있는 것은 아닐까?

반복해서 읽는 시간

큐티를 할 때는 성경을 반복해서 읽어야 한다. 반복해서 읽을 때 묵상이 시작되기 때문이다. 토머스 머튼은 "묵상이란, 자리에 앉아 머리를 싸매고 문제를 푸는 것이 아니라 문제가 저절로 풀릴 때까지 또는 삶이 풀어질 때까지 문제를 자기 안에 품고 사는 것이다"라고 했다.

"오늘 큐티하면서 본문을 몇 번 읽으셨어요?"

큐티학교를 진행하면서 매번 학생들에게 묻는다. 상당수의 학생들은 본문을 한 번 읽었다고 대답한다. 왜 반복해서 읽지 않느냐고 다시 묻는다. 학생들은 지금까지 반복해서 성경을 읽어야 하는 것인지 몰랐다고 대답한다. 그러면 어떻게 큐티하느냐고 물으면 그냥 그날 본문 말씀을 한 번 읽고 옆에 있는 설명이나 예화를 읽고 잠깐 생각하다가 기도하고 마친다는 것이다. 그리고 한마디를 덧붙인다.

"큐티가 어려워요."

지금이야 자주 듣는 이야기지만, 처음 들었을 때는 어떻게 본문을 한 번 읽고 묵상을 했다고 할 수 있는지 의아했다. 본문을 한 번 읽고 기도하는 것으로 큐티를 했다고 한다면, 그것은 오늘 큐티를 했다는 스스로 만족하는 수준에 불과한 것이다.

물론 어떤 본문은 한 번만 읽어도 이해가 되고, 깨달음이 오는 경우가 있다. 그렇다고 모든 성경본문을 한 번 읽어서 해석되고 깨달음과 실천으로 이어지는 것은 아니다. 큐티를 어렵게 생각하는 또 다른 이유가 바로 여기에 있다. 본문을 진지하게 한 번 읽었는데 자신에게 아무런 반응이 나타나지 않는다는 것이다. 그때 무엇을 해야 할지 모르는 답답한 마음과 함께 성경을 묵상하는 일이 어렵다는 생각을 갖게 되는 것이다. 그러나 진정으로 성경을 통해 하나님의 음성을 듣기 원하는 사람은 몇 차례 반복해서 본문을 읽을 것이다. 왜냐하면 오늘 나에게 주시는 말씀을 붙잡으려는 간절함이 있기 때문이다.

토마스 아퀴나스는 묵상하는 사람은 갈망하는 자세를 지녀야 한다고 말한다.

"갈망 없이는 하나님의 위대한 영적 선물을 절대 받지 못한다."

묵상에 있어 갈망이란 하나님의 말씀을 지속적으로 읽고 또 읽으려는 자세를 말한다. 하나님의 임재를 구하고, 하나님의 음성을 들으려는 간절함이 하나님의 말씀인 성경을 반복적으로 읽게 만드는 것이다.

가끔 학생들이 찾아와서 큐티를 잘하는 방법을 좀 알려 달라고 한다. 나는 서슴없이 '독서백편의자현'(讀書百篇意自見)이라고 말한다. 한 주제의 책을 100권 읽거나, 한 권을 100번 읽으면 스스로 뜻이 보인다는 말이다. 세상의 책도 100권을 읽고, 100번 읽어야 뜻이 통한다고 하는데, 하물며 하나님의 말씀인 성경은 어떻겠는가!

성경해석 전통 중에 '성경이 스스로 해석하게 하라'는 말이 있다. 이 말은 성경을 반복적으로 읽을 때 성령께서 영감을 주셔서 성경을 해석할 수 있게 된다는 말이다. 또한 성경 안에서, 문맥 속에서 때로 서로 연관된 신구약의 성경구절을 통해 본문의 뜻을 스스로 깨치게 된다는 말이기도 하다. 그러므로 성경을 반복해서 읽는 것이 중요하다. 말씀묵상은 오늘 나에게 주어진 성경말씀을 반복해서 읽는 것부터 시작한다. 묵상을 통해 깨달음을 얻고 하나님의 음성을 듣고 싶다면, 성경말씀을 읽고 읽고 또 읽어야 한다. 다른 것에 눈을 돌리지 말고 오직 성경말씀에 집중해보라.

하나님의 말씀이 살아나는 시간

유대인들은 하나님께서 이스라엘 백성에게 주신 모세의 율법서 안에 하나님이 살아 계신다고 믿었다. 그래서 유대인들은 공적인 모임이나 회당에서 하나님의 말씀을 자주 읽고 온 마음으로 경청했다. 유대인들은 이 과정을 통해 하나님의 말씀에 온 주의를 집중하여 읽고, 맛들이며, 기도하고, 실천하는 삶을 살았다. 이러한 성경 읽기 전통이 오늘날 경건의 시간, 큐티의 시작이다. 소리 내어 성경을 반복하여 읽고, 읽은 말씀 중에 성령님께서 주시는 말씀을 맛이 들 때까지 간직하며 읊조리는 묵상, 묵상 중에 주시는 깨달음을 붙들고 말씀대로 살아갈 힘을 달라고 간구하는 기도, 그리고 말씀이 자신의 삶 속에서 살아나도록 말씀을 생활 속에 적용하는 것이 바로 큐티의 내용이다.

큐티는 'Quiet Time'의 약자다. 이 명칭은 실제로 1882년 영국 케임브리지 대학교의 경건한 학생들의 모임에서 처음 사용한 것으로 알려져 있다. 그들은 자신들이 그리스도인임에도 불구하고 세속적인 삶에 젖어 있다는 사실을 깨달았다. 거룩한 삶을 살아가기 위해 모여서 성경을 읽고 기도하는 경건의 시간을 가졌는데, 그 시간이 바로 큐티였다. 큐티는 하루 중 일정 시간을 떼어서 하나님의 말씀을 읽고, 기도하는 시간을 말한다. 그런 점에서 오늘날 한국교회의 자랑거리인 새벽기도회는 큐티가 변형된 모습이라 할 수 있을 것이다. 새벽 이른 시간에 하나님의 말씀을 듣고, 기도하는 새벽기도회도 넓은 의미에서 'Quiet Time'이라고 할 수 있다. 묵상이라는 관점에서 보면 신앙서적을 읽는 중에 다가온 감동적인 글귀를 묵상하거나, 찬양을 반복적으로 부르며 가사를 음미하는 것, 동산이나 오솔길을 걸으며 하나님을 생각하는 시간도 확장된 큐티(E큐티 : Extended

Quiet Time)라고 할 수 있다.

그렇지만 우리가 흔히 경건의 시간(큐티)이라고 할 때는 개인적으로 말씀 읽기와 말씀 듣기를 위한 시간을 갖는 것을 말한다. 성경 읽기는 생각보다 쉽지 않다. 하나님의 말씀은 무엇보다 생각과 묵상으로 이어지도록 읽어야 하기 때문이다. 말씀을 쪼개는 대신, 하나님의 말씀과 삶이 하나로 묶여 심령의 은밀한 구석까지 파고들게 해야 한다. 진정한 깨달음은 말씀을 쪼개는 것보다 말씀을 모을 때 찾아온다. 말씀 조각들이 모여 마음속에서 '아, 이게 이런 뜻이 있었구나!', '아, 이 말씀과 저 말씀이 이렇게 연결되어 나에게 의미 있게 다가왔구나!' 하고 깨닫게 된다. 그와 같은 깨달음을 통해 우리는 하나님의 음성을 듣게 되는 것이다.

그런 점에서 하나님의 음성을 듣는 것은 말씀을 깊이 생각하고 연구하는 것 이상이다. 제대로 된 성경 읽기는 하나님의 음성을 깨닫게 한다. 앤드류 머레이는 "하나님의 목전에서 성경의 인도 아래 말씀을 읽으면, 살아 있는 말씀의 능력이 임하는 경우가 있다. 그 말씀은 우리 마음에 복과 능력을 가져다주며 믿음의 반응을 불러일으킨다"라고 말한다.

오늘날은 하나님의 음성을 듣고 싶어서 열광하는 시대이다. 곳곳에서 하나님의 음성을 들려주겠다고 한다. 또 하나님의 음성을 듣는 연습을 하는 곳도 있다. 그런데 그와 같은 곳들은 대체로 하나님의 말씀을 묵상하며 얻은 깨달음이 아니라 기도하는 중에 떠오르는 어떤 생각이나 말씀을 하나님의 음성으로 믿는다. 그런데 아무리 직접(?) 들은 하나님의 음성이라 할지라도 묵상의 과정이 없다면 위험하다. 우리의 타락한 본성과 죄로 인해 기도 중에 떠오른 말씀이 하나님의 음성인지 온전히 분별할 수 없다. 그래서 우리는 하나님의 말씀을 분별하기 위해 성령의 도움을 받아야 한다. 내주하시는 성령께서 심령에 계시의 빛을 비춰주셔야 한다. 이것을 '성령의 조명하심'이라고 한다. 그리고 성령의 조명하심의 다른 모습이 바로 '깨달음'이다.

삶의 변화를 경험하는 시간

우리가 성경을 읽는 이유는 하나님의 뜻을 깨닫기 위해서다. 먼저 하나님의 뜻을 깨닫고, 다음으로 자신의 삶에 적용하기 위해 성경을 읽는다. 하나님의 뜻은 하나님의 생각이다. 하나님의 생각은 우리가 이 땅에 살면서 알아야 할 삶의 원리요 이치를 담고 있다. 하나님 생각을 많이 하면 하나님의 생각대로 산다. 로마서에서 사도 바울이 말한 대로 신자에게는 육신의 생각과 영의 생각이 서로 다툰다(롬 7:21-23; 8:6). 아무리 하나님의 생각을 많이 하고 싶어도 내 속에는 육신의 생각이 너무 많이 자리하고 있어서 불쑥불쑥 그 생각이 튀어나온다. 이런 육신의 생각이 하나씩 사라지고 하나님의 생각으로 채워지는 과정이 바로 거룩한 삶이요 성화의 과정인 것이다.

우리가 하나님의 뜻을 깨닫기 위해 성경을 읽으면 그것이 자신의 삶에 주시는 말씀임을 깨닫게 된다. 간혹 어떤 분들은 하나님의 뜻은 깨닫는데 그것을 자신의 삶에 적용하는 것이 잘 되지 않는다. 한 남자 성도가 설교를 듣고 은혜를 받았다. 집에 가서 아내에게 물었다. "여보, 오늘 목사님 설교 어땠어요?" 사실 남편은 설교 말씀이 아내가 꼭 들어야 할 말씀이라고 생각하며 깊은 공감을 느꼈다. 그래서 아내가 그 말씀에 나름의 도전을 받고 뭔가 깨달음을 얻었겠지, 하며 물었던 것이다. 그런데 아내의 대답은 "그렇지 않아도 말하고 싶었어요. 오늘 목사님께서 당신에 대해 이야기하시던데요."

다른 사람은 보지 못하고 느끼지 못하는 것을 내가 느꼈다면 그것은 하나님께서 나에게 주시는 말씀이다. 내가 보고 듣고 느낀 것은 정죄와 판단의 근거가 아니라 내가 책임져야 할 일이다. 중요한 것은 나의 문제에만 집중하는 것이다. 다른 사람의 문제는 하나님께서 다른 방법으로 그에게 보여주고 듣게 하실 것이다. 하나님이 하려고 하시면 나귀를 통해서라도 말씀하신다는 사실을 기억하라(민 22:30).

성경은 우리의 삶을 변화시키는 능력이 있다. 그래서 먼저 자기 자신을 위해 성경을 읽어야 한다. 말씀을 묵상한다는 것은 그 말씀이 자신의 삶에 어떤 의미가 있고 하나님이 나에게 원하시는 것이 무엇인지 돌아보는 시간을 갖는 것이다. 자기 자신을 향한 하나님의 말씀을 듣고 깨우침을 얻기 위해 말씀을 묵상하는 사람은 그 삶에 놀라운 변화가 일어날 것이다.

말씀묵상의 기본적인 순서

누구나 인정하는 말씀묵상 순서가 있다. 기억하기 쉽게 'PRESS 원리'라고 한다.

P : 기도하라(Pray for a moment)

R : 읽으라(Read His word)

E : 묵상하라(Examine His word)

S : 기도하라(Say back to God)

S : 나누라(Share with others)

위의 순서를 따라 묵상을 시도해보라.

첫 번째는 당신의 영안을 열어 달라고 간구하라. 하나님의 깊은 뜻을 보고 듣고 깨달을 수 있도록 성령께서 함께해주시길 기도하라.

두 번째는 성경을 반복해서 읽으라. 앞으로 자세히 살펴보겠지만, 반복해서 네 번 이상 소리 내어 읽어보라.

세 번째는 읽는 중에 눈에 띄는 구절이나 단어를 생각해보라. 작은 꼬투리부터 잡고 생각하기 시작할 때 실마리가 풀리고 깨달음을 얻게 된다.

네 번째는 깨달은 말씀으로 기도하라. 이왕이면 기도문을 작성하는 것이 좋다. 글을 쓰는 과정에서 생각이 정리되고 내가 무엇을 깨달았는지 분명해진다. 기도문을 작성하다보면 자연스럽게 자신을 돌아보게 되어 적용이 이루어진다.

다섯 번째는 깨달은 말씀을 다른 사람과 나누라. 다른 사람과 어떤 방법으로든 나누는 것은 자신이 깨달은 것을 분명하게 만들고, 지나치거나 잘못된 해석에서 벗어나는 데 도움이 된다.

자, 그럼 성경말씀을 읽고 맛들이고 기도하는 큐티, 한번 시작해보자!

2장

'시간'이 아니라 '때'를 찾자

코리언 타임의 지혜

몇 년 전까지만 해도 동티모르에는 현대적인 시간 개념이 없었다고 한다. 500여 년 동안 식민 지배를 받다가 2002년 독립을 선포한 이후에도 최근까지 괴롭고 지루한 내전을 겪어왔기 때문에 동티모르 사람들은 정확한 숫자와 시간에 대한 인식이 희박하다는 것이다. 1인당 연간 소득이 500달러 미만으로, 시계가 있는 가정은 매우 드물어 국민 대부분이 자신의 정확한 나이와 생일을 모르는 처지다. 그래서 현지 구호 활동을 펼치는 봉사자들은 '몇 시까지'라는 말을 '한나절 즈음'으로 이해하는 현지인들 때문에 애를 먹는단다. 한번은 한국에서 보내온 컴퓨터를 가져다주려고 오전에 산골 학교를 방문했는데, 학생들이 대부분 등교하지 않아 놀랐다고 한다. 이유를 알아보니 흐린 날은 해가 뜨지 않아 시각을 가늠할 수 없어 학교에 늦는다는 것이다.

매우 안타까운 상황임에도 불구하고 절로 웃음이 나오는 이야기다. 그런데 우리나라도 불과 70년대 이전만 해도 동티모르와 별반 다를 바 없는 상황이었다. '코리언 타임'이란 말도 그 시절에 생겨난 말이다. 외국인들은 처음 조선에 왔을 때, 이 민족이 자신들과 다른 시간관을 갖고 있다는 사실을 알았다. 당시 조선과 서양은 서로 다른 문화 속에 살고 있었다. 조선은 아직 농경 중심의 봉건제 사회였지만 서양은 이미 산업혁명을 통해 근대화를 이루었다.

근대화의 시간관념을 한마디로 표현한다면 '컨베이어벨트' 문화라고 할 수 있을 것이다. 각자의 작업이 톱니바퀴처럼 맞물려 컨베이어벨트가 돌아가는 대로 작업을 하는 분업이 발달했기 때문에 일사불란한 행동이 필요했다. 더구나 철도의 등장으로 지역마다 달랐던 시간을 표준화해야 할 필요성이 대두되었다. 그로 인해 '몇 시 몇 분'이라는 구체적인 수치가 점차 표준화되었다. 산업혁명을 통해 시작된 근대문화의 시간관념은 당시 우리나라의 농경문화 중심의 시간관념과 충돌할 수밖에 없었던 것이다.

농경문화 속에서는 정확한 시간관념, 즉 시각에 대한 생각은 별로 중요하지 않았다. 시간은 동이 터서 해가 지는 사이로 측

정되고, 생활도 자연의 속도대로 흘러갔다. 봄이 오면 씨를 뿌리고, 가을이 되면 곡식을 거두며, 겨울에는 쉬는 대자연의 수레바퀴를 따랐다. 그래서 때가 중요했다. 무엇을 어느 때에 할지가 중요했다. 그래서 그런지 지금도 우리는 "내일 이맘때 만나자"라고 한다. 우리 중 대부분은 그 말을 듣고서 "지금이 8시 15분이니까 내일 저녁 8시 15분에 만나자는 말이구나"라고는 생각하지 않는다. '이맘때'라는 말 속에는 시각이 아니라 의미의 시간, 즉 정황과 장소, 심지어는 날씨와 분위기까지 포함되어 있다. 그래서 우리는 서로 약속이라도 하듯 '이맘때' 만나자고 하면 굳이 정확한 시간을 말하지 않더라도 그때에 만나게 되는 것이다.

그런데 이러한 시간관념은 단순히 문화의 차이로 발생하는 것은 아니다. 왜냐하면 지금 우리나라도 근대화의 영향을 받아 시간에 대한 엄격한 규범들이 사회 전반에서 지켜지고 있기 때문이다. 그런데도 우리는 정확한 '시각'보다는 모호해 보이는 '때'가 익숙하다. 이러한 시간관념의 근본적인 차이는 동양적 사고와 서양적 사고의 차이에서 발생한다. 흔히 한국인과 같은 동양 사람들은 사물의 변화와 관계에 초점을 맞추어 생각하는 반면, 서양 사람들은 사물이나 사람을 고정된 형태로 인식한다고 한다. 동양적 사고가 숲을 보는 것이라면, 서양적 사고는 나무를 보는 것으로 비유된다.

한국인과 같은 동양인은 시간을 '때'의 개념으로 이해한다.

그러나 서양인들은 시간을 단위적인 개념으로 생각하기 때문에 시간을 쪼갤 수 있고, 각각의 시간들을 어떻게 활용할 것인가에 더 많은 관심을 갖는다. 우리가 흔히 접하는 시간관리와 관련한 자기계발 방법은 서양적인 시간 개념을 바탕으로 한다. 하루 스물네 시간이라는 시간의 링 위에서 최대한 시간을 쪼개어 30분, 또는 한 시간 단위로 계획을 세워 사용하라는 것이다. 그런데 막상 하루를 살아보면 모든 시간을 30분, 한 시간 단위로 계획을 세우기에는 무리가 있다는 것을 금방 깨닫게 된다. 물론 30분 단위로 시간을 사용해야 할 직업을 가진 사람들이 있다. 그러나 그렇게 시간을 활용하는 것이 성공의 지름길인 것처럼 주장하는 것은 어딘가 문제가 있어 보인다. 한국인들은 아무리 시간관리에 대한 강의를 듣고 훈련을 받아도 '무 자르듯' 시간을 잘라서 사용하는 것이 쉽지 않다. 지금까지 살아온 환경이나 사고체계가 그렇지 못하기 때문이다.

포스트모던시대가 되면서 시간의 개념이 달라지고 있다. 회사에서도 직원들의 출퇴근시간이 다양해지고 있다. 그동안 유지되던 시간관념의 해체와 일탈이 일어나고 있는 것이다. 양적 시간보다 질적 시간의 충족을 더 중시하는 문화로 바뀌고 있다. 사람들은 얼마나 의미 있는 시간을 보냈느냐에 더 관심을 갖고 있다. 의미 있는 시간이라면 얼마든지 시간을 더 낼 수 있다고 생각한다.

의미 있는 시간이란 바로 '때'를 말한다. 일이 잘될 때가 있고, 안 될 때가 있다. 또 분위기가 무르익은 때가 있고, 아직 준비가 되지 않은 때도 있다. 그래서 한국인은 과거에도, 오늘날도 때를 찾고, 때를 지키며 살아가기 원한다. 그런 점에서 볼 때 큐티도 때를 찾고 때를 지킬 때 쉽게 말씀을 묵상하고 그 속에서 깨달음을 얻을 수 있다. 그렇다면 큐티와 관련해서 때를 찾는다는 것은 어떤 의미일까?

때를 따라 깊어진다

예수님은 제자들과 함께 생활하셨다. 제자들과 함께 다니며 먹고 마시고 주무셨다. 예수님은 제자들에게 하늘의 깊은 진리를 가르치셨고, 하나님과 교제하는 법과 하나님의 뜻을 행하는 삶이 어떤 것인지 몸소 보여주셨다. 제자들은 예수님과 함께하면서 많은 것을 보고 듣고 배웠다. 그렇지만 예수님은 때로는 제자들의 성장이 더딘 것 같아 안타까워하셨다.

한번은 제자들이 굉장히 난감한 상황에 처해 있었다. 어떤 사람이 제자들을 찾아와서 자기 아이에게 들어온 귀신을 내쫓아주기를 요청했다. 그런데 제자들은 귀신을 내쫓지 못했다. 얼마 전까지만 해도 예수님은 귀신을 이기고 병을 고치는 능력과 권세를 제자들에게 주셨다. 그리고 하나님 나라의 복음을 전하고 병을 고쳐주라고 제자들을 보냈다. 제자들은 각 동네로 다니며 병을 고치고, 귀신을 내쫓고, 천국 복음을 전했다. 그런데 지금은 제자들이 귀신 하나를 내쫓지 못하고 있는 것이다. 예수님은 제자들을 향해 안타까운 마음을 이렇게 표현하셨다. "내가 얼마나 오랫동안 너희와 함께 있으면서 참아야 하겠느냐?"(눅 9:38-40).

예수님과 함께 많은 시간을 보낸 제자들이었지만 그들의 믿음은 그 시간만큼 자라지는 못했다. 어떤 때는 굉장한 믿음을 가진 것처럼 보였다가 어느 순간에는 아무것도 알지 못하는 사람처럼 행동하기도 했다. 예수님과 가장 가까이서 많은 시간을 함께하며 가르침을 받고 그분의 능력을 직접 보았는데도 말이다. 왜 그럴까? 우리는 시간의 흐름에 따라 단계적으로 성장이 이루어질 것이라고 생각한다. 그러나 성장은 결코 완만한 상승 곡선을 그리며 일어나지 않는다. 성장은 어느 때에는 가파르게 수직상승하듯 일어난다. 우리가 조금만 주의를 기울여 돌아보면 모든 생명체가 성장하는 데는 때가 있음을 발견하게 된다. 아이를 양육해보아도, 조그마한 화분에 식물을 키워보아도 어느 것 하나 내가 생각한 것처럼 매일매일 조금씩 자라주지 않는다. 아이들에게 아무리 성장을 위한 각종 영양제를 먹이고 운동을 시켜도 성장판이 열리지 않으면 아무 소용이 없다. 성장판이 열릴 '때'가 있는 것이다. 그때 뼈마디가 길어지고 키도 쑥쑥 자란다. 영적 성장도 마찬가지다. 은혜 받는 때가 있고, 하나님을 만나는 때가 있고, 영적인 체험을 하는 때가 있다. 불과 6개월 신앙생활한 사람이 10년 동안 신앙생활한 사람보다 영적으로 더 성장해 있는 경우도 있다. 모든 성장이 그렇듯이 영적 성장도 때를 따라 깊어진다.

그래서 때가 중요하다. 인생을 살면서 몇 년을 살았느냐보다 얼마나 의미 있는 때가 있었느냐가 더 중요하다. 가만히 지난 세월을 돌아보면 신체적으로나 정신적으로나, 영적으로 성장하는 의미 있는 때가 있었다. 사람은 때에 맞춰 성장하고, 때를 따라 살아간다.

때를 알면 큐티는 쉽다

큐티가 잘되지 않는 가장 큰 원인은 습관이 붙지 않았기 때문이라고 했다. 매일 큐티하는 습관이 되어 있지 않기 때문에 바쁜 일이 있으면 빼먹게 되고, 나중에 해야겠다고 생각하지만 까맣게 잊어버린 채 하루를 보낸다. 그래서 학생들에게 자주 강조하는 말이 있다.

"말씀묵상할 시간을 찾지 말고, 때를 찾으세요."

큐티할 시간을 찾으려면 아무리 찾아도 없다. 그런데 때는 있다. 그 때를 잘 활용하면 얼마든지 깊은 묵상과 주님과의 친밀한 교제를 가질 수 있다.

큐티를 하기 위해서는 멈추어 서서 머무는 시간을 확보해야 한다. 그런데 현대인들은 머무는 시간을 찾기가 보통 힘든 것이 아니다. 더구나 직장인의 아침은 한마디로 전쟁이다. 기상해서 얼마 되지 않는 한두 시간 동안 해야 할 과제(?)는 실로 엄청나다. 얼마나 바쁜지, 어떤 여성은 흔들리는 버스 안에서 눈썹을 그릴 정도다.

사람들은 큐티에 대해 배우면, 제일 먼저 큐티할 시간을 찾는다. 큐티강의를 하는 분들도 아침시간의 중요성을 강조하며 아침에 큐티할 것을 권한다. 그런데 정작 아침에 큐티하려면 아무리 시간을 찾아도 틈이 없다. 아침이 아니라 하루 중에서 큐티할 만한 시간을 찾으려고 애를 써도 도저히 비집고 들어갈 틈이 없다는 것을 깨닫는다.

그래서 우리는 결심한다. 30분 일찍 일어나서 큐티를 해야겠다는 계획을 세워본다. 잠을 줄이는 방법만큼 쉽게 시간을 확보할 다른 방법이 떠오르지 않기 때문이다. 그런데 보기에는 쉬워보여도 30분 일찍 일어나서 큐티하는 것은 대단한 정신력과 의지력의 소유자가 아니고서는 거의 불가능한 일이다. 왜냐하면 30분 일찍 일어나기 위해서는 생활의 리듬을 바꾸어야 하기 때문이다. 30분 일찍 일어나려면 30분 빨리 자야 한다. 잠들기 30분 전에 늘 하던 일을 그만두거나, 다른 시간대로 옮겨야 한다. 그게 좀처럼 쉽지 않다. 그래서 생활의 패턴과 리듬을 바꾸지 않은 채 30분 일찍 일어나는 것은 작심삼일에 그치고 마는 것이다.

제대로 큐티를 하고 싶다면 시간을 찾지 말고 때를 찾아야 한다. 예수님은 때를 따라 하나님과 만나는 시간을 가지셨다.

시간이 날 때 하나님과 교제하신 것이 아니라 때를 지켜 기도하고 하나님과 교제하셨다. 사람들에게 깊은 하나님의 진리를 가르치고 난 후, 사람들을 돌려보내고 난 뒤, 혼자 계실 때 하나님께 기도하셨다. 그러고 보면 예수님의 행적은 때와 관련되어 있다는 것을 알 수 있다.

> …내 때가 가까이 왔으니 내 제자들과 함께 유월절을 네 집에서 지키겠다 하시더라 하라 하시니(마 26:18)
>
> 이에 제자들에게 오사 이르시되 이제는 자고 쉬라 보라 때가 가까이 왔으니 인자가 죄인의 손에 팔리느니라(마 26:45)
>
> 이르시되 때가 찼고 하나님의 나라가 가까이 왔으니 회개하고 복음을 믿으라 하시더라(막 1:15)
>
> 세 번째 오사 그들에게 이르시되 이제는 자고 쉬라 그만 되었다 때가 왔도다 보라 인자가 죄인의 손에 팔리느니라(막 14:41)
>
> 아버지께 참되게 예배하는 자들은 영과 진리로 예배할 때가 오나니 곧 이때라 아버지께서는 자기에게 이렇게 예배하는 자들을 찾으시느니라(요 4:23)

예수님은 늘 때를 따라 사셨다. 예수님은 자신의 때를 기다리고 계셨다. 그리고 때가 이르렀을 때, 담대히 자신을 드러내셨다. 예수님은 모든 일에 반드시 때가 있음을 아셨다. 사명과 관련해서 때를 기다리고 때를 지켰던 것처럼, 예수님은 하나님과 교제하는 데 있어서 가장 좋은 때를 찾으셨다. 여기 예수님께서 찾으셨던 때를 보라.

> 무리를 보내신 후에 기도하러 따로 산에 올라가시니라 저물매 거기 혼자 계시더니(마 14:23)
>
> 새벽 아직도 밝기 전에 예수께서 일어나 나가 한적한 곳으로 가사 거기서 기도하시더니(막 1:35)
>
> 예수의 소문이 더욱 퍼지매 수많은 무리가 말씀도 듣고 자기 병도 고침을 받고자 하여 모여 오되 예수는 물러가사 한적한 곳에서 기도하시니라(눅 5:15-16)

예수님은 무리를 보내고 혼자 계실 때 기도하셨다. 예수님은 제자들이 깊이 잠들어 있는 새벽에 기도하셨다. 예수님은 일부러 사람들을 피해 한적한 곳으로 가서 때를 만드셨다. 예수님은 끊임없이 찾아오는 무리들 속에서 지내셔야 했다. 또 제자들과 함께 공동생활을 하셨다. 함께 먹고 자는 환경 속에서 개인적인 시간을 갖는 것은 쉽지 않은 일이었다. 그래서 예수님은 시간이 아니라 때를 찾으셨다. 하나님과 함께 머물 수 있는 때에 하나님을 만나고 하나님의 음성을 들었다. 그 결과 예수님은 사람들의 요구와 사탄의 유혹에 흔들리지 않고 자신의 길, 하나님의 뜻을 행하는 길로 나아가실 수 있었다.

오늘날 우리에게도 때가 필요하다. 하루 중에 어떤 때를 정하는 것은 굉장히 중요하다. 하루 중 하나님의 존전에서 그분의 임재를 느끼며 머무는 시간을 갖는 것만큼 중요한 일은 없다. 하루를 돌아보면 우리는 참 바쁘게 살아간다. 어떤 때는 정말 '삶은 전쟁'이라는 말이 실감이 날 정도로 정신 없이 하루를 보내는 것 같다. TV광고에서 그랬던가, '커피 한 잔의 여유, 진정한 여유를 즐겨라!'라는 말이 무척이나 공감이 되는 현실이다. 이렇게 바쁜 하루 중에 큐티할 시간을 만들어 내기란 보통 어려운 것이 아니다.

그런데 하루를 가만히 돌아보면 20-30분 정도 특별하게 하는 일 없이 보내는 때가 있다. 그 시간이 바로 큐티할 때이다. 흘려보내는 시간을 경건의 시간으로 구속시켜라. 무의미하게 지나치는 자투리 시간을 하나님과 교제하는 시간으로 묶어두라.

어떤 가정주부는 남편 출근시키고, 아이들 학교 보내는 등 한바탕 전쟁을 치르고 나면 아무도 없는 집에 혼자 남게 된다고 한다. 그때는 설거지도 하기 싫고, 그렇다고 청소하고 싶은 마음도 들지 않아 그냥 커피나 한 잔 하면서 멍하니 TV를 시청하는 경우가 많았다고 한다. 그런데 그때, 20-30분 정도의 시간이 정말 소중한 시간인 것을 알았다. 아무도 방해하는 사람이 없는, 심지어는 전화할 곳도 없는 '한적한 때'가 바로 그 시간이었다. 그 시간에 커피 한 잔 들고 큐티를 시작했다. 그녀에게는 그때가 바로 큐티할 때인 것이다.

어느 회사원은 출근하는 지하철 안에서 때를 찾았다. 아직

피곤이 다 풀리지 않은 채 잠자리에서 일어나, 서둘러 출근 준비를 하고 종종걸음으로 시간 맞춰 지하철을 탄다. 이제 한시름 놓은 것이다. 지하철 역전에서 나눠주는 신문을 받아 들고 회사까지 이리 뒤적 저리 뒤적거리다, 잠깐 졸기도 한다. 그러다가 자리라도 생기면 마음 놓고 모자란 잠을 보충하려고 눈을 감곤 했다. 그런데 어느 날 문득 지하철에서 보내는 그때가 바로 하나님과 만나기 좋은 때라는 것을 깨달았다고 한다. 처음에는 지하철에서 큐티책을 꺼내들고 읽는 것이 조금 어색하고, 눈치가 보이는 것 같았다. 그렇지만 용기를 내어 큐티책을 펼치고 본문을 읽고 기도하기 시작했다. 그러자 지하철 안이 바로 '물러가사 한적한 곳'에서 기도하시던 바로 그 때가 되었던 것이다.

어떤 분은 점심을 먹은 뒤 특별한 일 없이 이런저런 잡담으로 보내는 시간을 큐티시간으로 활용하기로 했단다. 고등학생을 둔 가정주부는 늦은 밤, 아이가 공부하는 동안 TV를 보던 시간을 성경 읽고 기도하는 시간으로 바꿨다고 한다. 그랬더니 아이도 더 집중해서 공부하는 것 같다고 한다.

어떤 분은 퇴근해서 집에 돌아와 저녁뉴스를 시청하고 난 뒤 잠들기 전까지 어정쩡하게 흘려보내던 시간을 큐티시간으로 활용하기로 했단다. 그때가 바로 하나님을 만나기 위한 한적한 시간이었던 것이다. 학생 시절에 나는 대체로 일찍 등교하는 편이었다. 교실에 도착하면 친구들이 한두 명 있었다. 그 시간

을 이용해서 큐티를 했다. 그때의 습관이 아직도 남아 있어서
지금도 나는 남들보다 조금 일찍 출근해서 말씀을 읽고 기도하
는 시간을 가진다.

당신에게는 어떤 때가 있는가? 때를 찾아보라. 가만히 하루
를 돌아보면 나에게도 반드시 때가 있다. 20-30분 정도의 따로
한적한 때가 있다. 그때를 하나님의 말씀을 묵상하고 기도하는
시간으로 바꿔보라.

잘될 때가 있고 안 될 때도 있다

큐티를 하다 보면 잘될 때가 있고, 안 될 때가 있
다. 잘될 때는 대체로 큐티학교에 참석할 때, 부흥회나 수련회
에서 영적 도전을 받았을 때, 새로운 해를 시작하면서 심기일
전하는 마음으로 큐티를 시작할 때, 그리고 중요한 결정이나
선택이 필요한 때다. 이런 때는 큐티하는 것 자체로 행복하고,
하나님의 말씀이 자신의 삶을 간섭하는 것이 신기하기만 하다.
그런데 어떤 때는 아무리 성경을 읽어도 무슨 말인지 도무지
머리에 들어오지 않는다. 이런저런 이유로 큐티하는 것을 빼먹
는다. 그러다가 오랜만에 성경을 읽어보는데 머릿속은 온통 오
늘 있을 일들을 생각하느라 뒤죽박죽이다. 느낀 점과 각종 기
도와 다짐으로 가득했던 큐티책은 큐티를 했다는 표시만 겨우
남아 있을 정도다. 이렇게까지 큐티를 계속해야 할지 스스로

회의에 빠진다. 그때는 큐티가 안 될 때인 것이다.

일단 우리는 위로받아야 한다. 그리고 다른 사람들도 같은 고민을 하고 있다는 것을 생각해야 한다. 오랜 세월 큐티를 지속하는 사람들은 과거에 그러한 '안 될 때'의 고비를 잘 넘겼다. 하지만 지금도 그 고민에서 자유롭지 못한 삶을 살고 있다. 그래서 우리는 어쩔 수 없는 사람이다. 날마다 자신의 의지와 싸워야 하고, 옛사람의 속성과 싸워야 한다. 그렇다고 너무 속상해하지는 말자. 영적 싸움에서 패한 실패자는 아니니까. 단지 우리의 삶은 여러 가지 요인으로 인해 잘될 때도 있고, 안 될 때도 있는 과정을 통해 성장한다는 말이다.

사람은 누구나 생활리듬이 있다. 신체적인 리듬이나 감성적 리듬만 있는 것이 아니라 영적 리듬도 있다. 생활리듬이 고조되어 있을 때는 무엇이든 적극적이며 활기차고 보람을 느낀다. 그러나 침체되어 있을 때는 무엇을 해도 의욕이 없고 스스로 위축되어 불규칙한 생활을 한다. 그렇게 우리는 영적 리듬을 탄다. 영적으로 풍성하고 넘치는 은혜 속에 잠길 때는 말씀을 읽기만 해도 굉장한 감동을 받고 도전받지만, 광야와 같은 삭막한 영적 상태에 있을 때는 큐티는커녕 기도조차 하기 싫을 때도 있다. 그래서 지속적으로 큐티하기 위해 안전장치를 준비해 두면 좋다.

첫째는 말씀짝이다. 정기적으로 만나서 큐티나눔을 하는 두세 명을 말한다. 굳이 만나지 않더라도 그날 은혜받은 내용을 문자 메시지나 메일 등 각종 소셜네트워크를 이용하여 나눌 수 있다. 말씀짝은 서로를 점검하고 도전하고 격려할 수 있다. 또 내가 깨닫지 못한 것을 나눔을 통해 얻는 유익도 있다. 요즘은 교회마다 소그룹 모임이 있다. 소그룹에서 두세 명이 주중에 서로를 점검하기 위해 만나는 것은 개인과 소그룹의 성장에 큰 유익이 된다.

둘째는 묵상교재를 활용하는 것이다. 큐티를 하는 데 있어 묵상교재의 중요성은 아무리 강조해도 지나치지 않는다. 묵상교재가 있으면 규칙적으로 큐티하는 데 도움이 되며, 자신의 상태를 점검할 수 있다. 또한 주어진 본문에 대한 해설이나 각종 도움 자료들은 묵상을 풍성하게 만들어준다. 거기다 묵상한 내용을 기록해 두면 세월이 흐른 뒤에 돌아보며 당시의 감동을 다시 느낄 수 있고, 스스로 도전받을 수 있다. 무엇보다 좋은 점은 매달 한 권씩 구입해서 책꽂이에 꽂아두다 보면 몇 년이 지나 수십 권의 교재가 모이게 된다. 굉장히 볼품도 있고, 스스로 대견함도 느낄 수 있다. 이렇게 몇 년을 모으다 보면 어느새 성경 전체가 다 채워진다. 그러면 웬만한 주석이나 성경해설서 못지않은 유익한 자료가 될 것이다.

셋째는 정기적인 훈련이다. "목사님, 제가 큐티학교를 두 번이나 들었는데, 이번에 또 들으려구요." 큐티학교에는 두세 번씩 반복해서 강의를 듣는 분들이 자주 있다. 이미 다 아는 내용이고, 뻔한 내용이지만 반복해서 들으려는 이유는 큐티학교에 자신을 매어두고 싶기 때문이다. 그래서 식었던 열정을 다시 회복하고, 하나님을 만나는 묵상의 자리로 나아가고 있는 것이다. 큐티학교와 같은 집중훈련은 아니라 할지라도 큐티에 관한 서적이나 자료들을 읽거나, 묵상과 관련한 강의에 참여하는 것은 큐티가 잘 안 될 때를 극복하는 좋은 방법이다. 큐티는 잘될 때도 있고 안 될 때도 있다. 그래서 우리는 이 말을 기억해야 한다.

"Stay hungry, Stay foolish!"

지속적인 큐티생활에 대해 도전하는 말로 이보다 더 좋은 표현은 없다. 사슴이 시냇물을 찾기에 갈급하듯 하나님의 말씀을 찾아 갈급함을 가지는 영적 배고픔을 항상 유지해야 한다. 수많은 필요와 요청이 쏟아지는 일상에서 묵상을 위해 잠잠히 자리에 머무는 삶을 유지하기란 쉽지 않다. 큐티가 잘될 때이든 안 될 때이든 항상 영적 배고픔을 느낄 수 있어야 한다. 또한 날마다 규칙적으로 때를 따라 큐티하는 우직함을 유지한다면 날마다 영적 승리를 경험하게 될 것이다.

나눌 때 풍성해진다

큐티와 나눔은 언제나 짝을 이룬다. 큐티는 개인적인 시간인 데 비해 나눔은 공동체적이다. 큐티할 때는 철저히 하나님 앞에서 독대하는 자세가 되어야 한다 마치 지성소에 혼자 들어가 하나님과 만났던 제사장처럼 말이다. 성경에서 하나님을 만났던 사람들(아브라함, 모세, 여호수아, 사무엘, 엘리야, 이사야 등은 하나님께서 찾아오셔서 하나님과 대화를 나눈 사람들이다)은 모두 하나님과 개인적으로 만났다. 혼자서 성경을 읽고, 생각하고, 기도하는 시간은 개인적이며, 어떤 점에서는 주관적이다.

어떤 분은 큐티의 개인적이고 주관적인 부분을 보완하기 위해 관찰, 해석, 적용이라는 귀납적인 성경연구가 필요하다고 말한다. 그런데 아무리 주관적인 요소를 배제하기 위해 성경해석의 틀을 제공한다 할지라도 개인적이고 주관적인 성경연구의 한계에서 벗어나기는 어렵다.

그러나 나눔은 객관적이며 공동체적이다. 나눔에는 다음과 같은 좋은 점이 있다. 첫째, 내가 바르게 깨달았는지를 점검하는 안전장치 역할을 한다. 내가 묵상한 부분에 대해 다른 사람의 생각을 들을 수 있고, 그 과정을 통해 자신의 묵상이 건전한 방향으로 가고 있는지 점검할 수 있기 때문이다. 둘째, 동일한 본문에서 각자 깨달은 것을 나누는 과정을 통해 자신의 깨달음이 더욱 분명해진다. 셋째, 다른 사람이 깨달은 것을 들으면서 나의 부족한 점이 채워지는 것을 경험한다. 넷째, 나눔 가운데 들은 내용을 가지고 서로를 위해 기도하게 된다. 다섯째, 정기적으로 나눔의 시간을 가지면 지속적으로 큐티를 할 수 있도록 도전 받을 수 있어 유익하다.

이렇듯 나눔은 중요하다. 그런데 큐티나눔을 하다 보면 어려움이 생기기도 하는데 대체로 자신에게 주신 은혜가 크고 강력하기 때문에 생긴다. 그래서 다음과 같은 나눔에 대한 두 가지 원칙을 항상 기억해야 한다.

1. 남들이 보지 못한 것을 내가 보았다.
2. 내가 보지 못한 것을 남들이 보았다.

이 두 가지 원칙을 염두에 두지 않으면 나눔의 시간이 서로 주장하는 시간으로, 심지어는 신학논쟁으로 변할 수도 있다. 내가 깨달은 것이 소중한 만큼 다른 사람의 깨달음도 소중함을 기억하라. 그러면 상대방의 깨달음이 나의 깨달음이 되어 더욱 풍성한 나눔을 경험하게 될 것이다.

나눔을 통해 서로가 유익을 얻기 위해 한 가지 더 필요한 것이 있다. '틀린 것'과 '다른 것'을 구별하는 것이다. 다른 사람들은 나와 다른 깨달음을 얻었다. '틀렸다'는 말은 수용의 여지가 없는 표현이다. 그런데 우리는 대체로 무심결에 '다른 것'을 '틀렸다'고 표현한다. 틀린 것과 다른 것은 별개다. 그러므로 "내 생각은 틀리다"라고 하지 말고 "내 생각은 다르다"라고 해야 한다. '다르다'라는 말 속에는 여러 가지 중 한 가지라는 뜻이 숨겨져 있다. 여러 가지 중에서 한 가지를 말했으니 다른 것도 얼마든지 들어볼 여지가 있는 것이다.

큐티를 시작할 때, 큐티 방법을 배우는 것만큼 나눔 역시 중요하게 생각해야 한다. 좋은 나눔을 진행하기 위해 몇 가지 주의할 점이 있다.

첫째, 서로 용납하며 존중하는 자세로 귀를 기울인다. 내가 나누는 말씀만큼 다른 사람의 말씀도 소중하다. 어떤 때는 도저히 해결하지 못한 채 덮어두었던 그 구절의 뜻을 나눔 중에 깨닫기도 한다. 다른 사람의 나눔을 잘 소화시키면 그것이 내 것이 된다. 전혀 자신과 스타일이 다른 묵상과 나눔을 하는 사람이라 할지라도 존중하는 자세로 듣는다면 그 속에서 예기치 못한 성령님의 음성을 듣게 될 것이다.

둘째, 혼자서 너무 오래 말하지 말아야 한다. 상대방의 이야기는 굉장히 길다고 느끼면서 정작 자신이 얼마나 오랫동안 말을 하고 있는지는 잘 알지 못한다. 사람은 일반적으로 누군가의 이야기를 들을 때 3분 이상 집중하기 어렵다고 한다. 그래서 조금만 이야기가 길어지면 시선이 다른 곳을 향하고, 몸을 비틀고, 손이나 발이 산만해지는 것이다. 지금 상대방이 몸으로 사인을 보내고 있는데, 자신은 그것을 깨닫지 못하고 상대방을 집중시키려고 더 큰소리로 말하곤 한다. 간단하게 말하는 연습이 필요하다. 이를 위해서는 내가 무엇을 깨달았는지를 글로 적어보는 훈련을 하면 좋다.

셋째, 묵상한 성경말씀에 근거를 두어야 한다. 다른 사람의 이야기나 예화를 인용하기보다 오늘 묵상한 말씀을 근거로 깨달은 내용을 나누는 것이 좋다.

"지난 주 금요일 본문 10절 말씀에 '멍에'라는 단어가 마음에 와닿았어요. 저는 다른 사람에게 멍에를 지우는 삶을 살았던 것 같아요. 저도 못하는데 우리 아이들에게 자꾸 이래라 저래라 하면서 요구한 것이 생각났어요. 먼저 제 자신을 돌아보아야겠다고 생각했어요. 아이들에게 멍에를 지우지 않도록 하나님께 지혜를 달라고 기도했어요."

다음의 순서를 기억하면 나누는 데 도움이 된다. '몇 월 몇 일, 무슨 요일, 몇 절에 어떤 구절이 나에게 은혜가 되었다.' 그런 다음 깨달은 말씀으로 인해 나에게 어떤 변화가 있거나 새로운 다짐을 하게 되었는지를 설명하면 된다.

내가 진행하는 큐티학교에서는 강의만큼 나눔에도 비중을 두고 시간을 할애한다. 조별로 한 주간 큐티하면서 받은 은혜를 나누게 한다. 그 시간을 통해 자신과 비슷한 신앙 수준의 사람들이 큐티하는 내용을 들으면서 은혜를 받고 도전을 받게 되는 것이다. 저 사람이 하면 나도 할 수 있겠다는 생각이 들어 스스로 목표를 세우게 된다. 그래서 큐티나눔이 중요하다. 은혜 받은 말씀을 나눌 사람을 찾아보라. 소그룹, 이웃, 동료, 가족 등 주위에 반드시 당신과 함께 나눌 사람이 있을 것이다.

머물 때 묵상이 시작된다

이번 장에서는 때를 정하는 것과 나눔의 중요성

에 대해 살펴보았다. 그런데 지금까지 스스로 큐티하고 강의를 하면서 깨달은 중요한 한 가지는 아무리 방법을 알아도 큐티를 하기 위해 머물지 않으면 소용이 없다는 것이다. 때를 정하고 머무는 일이 가장 어렵다. 그런데 머물러 있으면서 성경까지 읽는다는 것은 더욱 어렵다. 만약 지금 당신이 특별히 할 일이 없는 상태에 있다고 가정하고 책상 위에 성경과 신문이 놓여 있다면 어느 것을 선택할 것 같은가? 큐티학교에 참석한 분들에게 물어보았더니 대부분이 신문을 택한다고 했다. 왜 우리는 머물러 있는 시간, 그 시간에 성경을 읽으며 머물러 있기를 힘들어할까?

"속도는 인간의 본능이며 삶을 위한 수단이다. 인간은 끊임없이 다른 생물들과 경쟁하며 살아왔다."

TV 다큐멘터리에 나왔던 인상적인 문구다. 인간은 한계를 가진 존재다. 아무리 빠른 인간도 시속 36킬로미터를 넘지 못한다고 한다. 하지만 인간의 문명은 이 한계를 극복하고, 다른 생명체와의 경쟁에서 이겨 먹잇감을 얻게 되었다. 21세기는 더욱 이 한계를 뛰어넘어 이제는 시속 8,000킬로미터(음속의 8배)에 이르게 되었다. 좀 더 빨리, 그래서 더 많이 얻기를 원하는 인간의 노력은 끝이 없다. 그 노력의 과정은 언제나 다른 생명체와 치열하게 경쟁하고, 대치하고, 제압하는 모습으로 나타나고 있다. 오늘날 인간이 사는 세상은 쉬지 않고 끊임없이 일하지 않으면 낙오하게 될 것이라고 우리를 재촉한다. 쉬지 않고 달리는 인간들 틈에서 살아가려면 힘들어도 어쩔 수 없이 달려야 하는 것이 현실이다.

그런데 성경을 보면 하나님은 엿새 동안 세상을 만드신 후에 안식하셨다.

하나님이 그가 하시던 일을 일곱째 날에 마치시니 그가 하시던 모든 일을 그치고 일곱째 날에 안식하시니라(창 2:2)

하나님은 안식일을 만드시고 사람에게 쉴 것을 명령하셨다.

너는 엿새 동안에 네 일을 하고 일곱째 날에는 쉬라 네 소와 나귀가 쉴 것이며 네 여종의 자식과 나그네가 숨을 돌리리라(출 23:12)

하나님은 안식일에 사람이 쉬어야 할 이유를 말씀하신다. 그것은 사람이 쉬어야 가족이 쉬고, 나그네가 쉬고, 짐승도 쉬기 때문이다. 즉, 사람과 연결되어 있는 모든 것이 쉴 수 있는 것이다. 인간이 쉬지 않으면 땅도 끊임없이 생산해야 한다. 그러다 땅이 피폐해지고 그 피폐해진 땅에서 계속 생산하려고 하니까 자연의 원리를 깨뜨리는 방법을 찾을 수밖에 없고, 그 결과 먹이사슬은 깨어지고, 자연의 질서는 엉망이 되는 것이다.

어느 날 문득 안식과 쉼에 대해 묵상하다가 이런 생각이 들었다. '안식일에 하나님이 쉬셨다? 그러면 하나님이 만드신 세상은? 자동제어장치에 의해 돌아가는 것일까?' 하나님은 정말 쉬셨을까? 나는 하나님이 쉬지 않으신다고 생각한다. 하나님이 쉬면 세상이 어떻게 돌아가겠는가? 하나님은 졸지도 아니하시고 주무시지도 아니하신다(시 121:4)고 했다. 그렇다면 하나님께서 쉬셨다는 말은 무슨 뜻인가? 하나님은 사람의 본성에 대해 말씀하신 것이다. 사람은 일곱째 날에는 쉬어야 한다는 것이다. 그런 존재로 사람을 만들었다는 말이다. 사람은 안식을 통해 쉬어야 하는 존재, 즉 하나님이 아님을 스스로 깨달아야 한다. 쉬지 않는 것은 스스로 하나님이 되려는 또 다른 교만이다. 사람이 쉬어도 세상은 하나님에 의해 돌아간다는 것을 깨닫기 위해 쉬어야 한다. 그래서 그날에 온 세상의 주인 되시는 하나님을 생각하며 예배하는 것이다. 사람들에게 하나님이 되려는 노력을 그치라고 당부하는 신학자 마르바 던의 말을 들어보라.

안식일은 노력을 그치는 날이다. 더 이상 우리는 강해지려고 애씀으로써 안전을 확보하거나, 모든 해답이나 신속한 해결책을 얻거나, 자신의 시간과 일정을 스스로 책임지거나, 통제권을 손에 넣거나, 손쉬운 만족을 얻으려고 발버둥칠 필요가 없다. 하나님이 되거나, 자신의 미래를 창조하거나, 안전을 확보하려고 애쓰지 않아도 된다니 이 얼마나 홀가분한가! …나는 혼자서 모든 것을 해내려고 애쓰기보다는 내게 주어진 은사와 자원을 관리하는 충성스런 청지기가 되기를 추구함으로써 나의 존재를 철저히 누리는 특권을 선택할 것이다.

우리에게 주어진 일주일이 그렇다면 하루도 마찬가지다. 인생에 있어서 하루라는 시간 속에서도 멈추고 머무는 쉼이 필요하다. 밀려오는 요구와 해야 할 일에 대한 부담을 뒤로 하고 멈추어 쉬는 때가 필요하다. 세상 사람들도 멈추는 것을 성공하는 사람들의 중요한 특징 중에 하나라고 생각한다. 그래서 자기를 돌아보며 반성하는, 일기 쓰는 시간을 가지라고 한다. 그리스도인들에게 있어 하루 중 멈추고 머무는 시간이 바로 큐티하는 시간이다.

고든 맥도날드는 조용한 시간의 중요성에 대해 다음과 같이 말한다.

우리를 둘러싸고 있는 소음이 지닌 끔직한 음모를 잘 알고 있는 사람은 별로 없다. 이 소음은 우리가 내면의 정원을 가꾸는 데 필요한 침묵과 고독을 불가능하게 만든다. 우리가 잘 알지 못하는 사이에 그 녀석은 하나님과의 만남을 방해하고, 주님의 음성을 듣지 못하도록 분주하고 소란스럽게 만들었다. 하나님과 동행하는 사람은 잘 알고 있다. 하나님은 자신의 음성을 들려주시기 위해 '소리치는' 분이 아니다. 엘리야가 알게 된 것처럼, 하나님은 세밀한 음성으로 속삭이기를 좋아하신다.

우리는 큐티를 통해 하나님의 세밀한 음성을 듣는다. 하나님의 말씀을 읽고 묵상하는 과정을 통해 영혼의 일기를 쓴다. 그러면 모든 염려와 두려움이 부질없음을 깨닫는다. 그리고 내게 주어진 오늘도 하나님이 주인이심을 인정하는 고백과 찬양을 드리게 된다.

이제 당신의 삶에서 큐티할 때를 찾아보라. 하루 중 큐티를 위해 20-30분 정도의 때를 찾아보라. 한 주간 그 때를 따라 큐티를 해보라. 일주일에 적어도 4일 이상 같은 시간, 같은 장소에서 큐티할 수 있는 자신만의 때를 찾으라. 그래서 자신만의 따로 한적한 때를 확보하라.

3장

소리 내어 읽으며 그 소리를 들어보자

잠을 깨우는 책

"만화책이나 소설책은 잘 읽히는데, 성경책은 한 페이지도 집중해서 읽기 힘들어요."

큐티학교 참석자의 솔직한 고민이다. 나의 경우도 만화책을 읽으면서 잡념이 들었던 적은 없는 것 같다. 만화책 읽다가 잠든 적도 없다. 오히려 만화책 읽다가 밤을 새웠던 기억은 있다. 왜 만화책을 읽으면 딴생각이 나지 않을까? 무협지나 소설은 성경처럼 글자로 충만한데 왜 오히려 잠을 달아나게 만드는 것일까?

한 번이라도 성경을 읽어본 사람이라면 성경을 읽으면 얼마나 잠이 오는지 잘 알 것이다. 성경만 읽으면 주님의 뜻과는 상관없는 수많은 계시와 환상(?)이 마음과 생각을 사로잡는다. 결국 오늘도 온갖 상념에 빠져들다 성경책을 베개 삼아 곤히 잠들어버린다. 성경은 살아 있는 하나님의 말씀인데, 왜 잠이 오는 것일까?

책을 읽으면 잠이 오는 이유를 연구한 학자들은 사람을 잠들게 하는 근본적인 원인이 책에 있다고는 보지 않는다. 재미있는 책은 잠을 잊도록 만들기도 하기 때문이다. 다만, 장시간 책을 보면 눈이 피로해져 잠이 오게 된다는 것이다. 그런데 문제는 '책만 읽으면 즉각적으로 잠들어버리는' 현실이다.

그렇다면 성경을 읽으면 잠이 오는 이유는 무엇일까? 첫 번째는 '시각적 스트레스 증후군' 때문이다. 갑자기 흰 종이에 새까맣게 채워진 문자들을 보면서 시각적 스트레스를 받게 되고 그 결과, 읽고 있는 내용을 뇌가 수용하지 않으려고 하기 때문이라는 것이다. 성경은 창세기부터 요한계시록까지 꽉 채워져 있다. 단락도 나뉘어 있지 않다. 심지어 시편은 시라고 하는데 시 같지도 않다. 그러다 보니 눈에 엄청난 피로가 쌓이고, 심리적 압박을 받게 된다. 더군다나 시각적 변화 없이 책을 읽다 보니 자연스럽게 잠이 오는 것이다. 이것은 마치 시골길보다 거의 변화가 없는 고속도로를 달릴 때 졸음운전하는 경우가 더 많은 것과 같은 이치다. 즉, 성경이 졸리는 것이 아니라 성경책이 졸리는 것이다.

두 번째는 습관적으로 일어나는 무조건반사 현상 때문이다.

성경을 읽다가 잠이 들었던 경험과 다른 사람들의 경험담 때문에 몸이 자동적으로 반응한다는 것이다. 성경을 언제 주로 읽느냐고 사람들에게 물으면 대체로 잠이 오지 않을 때 잠들기 위해 읽는다고 대답한다. 잠을 깨우는 책을 잠들기 위해 읽다니! 안타깝지만 현실이다.

세 번째는 좋지 못한 독서 습관과 자세 때문이다. 만화를 읽으며 깊은 묵상과 깨달음, 하늘의 지혜를 얻으려는 사람은 없다. 그래서 만화를 읽는 자세와 성경을 읽는 자세는 달라야 한다. 성경을 엎드려서 읽는 사람이 있다면 그는 가장 편안한 자세로 성경을 읽는다고 생각할 것이다. 그런데 너무 편안해서 잠들어버릴 수 있음을 간과해서는 안 된다. 한 장도 읽지 못했는데 가슴이 답답하고 지겨워하는 사람이 있다. 그는 집중하여 읽는 훈련이 되어 있지 않기 때문이다.

집중한다는 것은 성경 이야기의 흐름을 따라갈 수 있다는 말이다. 이야기의 흐름을 따라가지 못하면 잡념이 생기고, 결국 잠들어버리고 만다. 성경은 하나님의 말씀이다. 하나님의 말씀을 읽는 방법은 다른 책을 읽을 때와 달라야 한다. 성경을 읽을 때 어떤 자세로 읽느냐가 그 사람의 마음가짐을 반영한다. 하나님의 거룩한 음성을 듣기 위해 성경을 읽는데 엎드려 읽고, 누워 읽고, 잠들기 위해 읽는다면 그것은 결코 올바른 경청 자세가 아닐 것이다.

성경은 잠들게 하는 책이 아니다. 성경은 잠자는 영혼을 깨우는 책이다(슥 4:1). 성경을 읽을 때 살아 계신 하나님의 말씀이 들려온다. 그래서 성경을 읽는 것은 곧 하나님의 임재 앞에 나아가는 것이다. 유대인들은 언제나 성경말씀을 살아 계신 하나님의 말씀으로 받아들였다. 성경을 매우 중요하게 여기며 겸손한 마음으로 받아들이고 실천했다. 성경을 머리가 아닌 자신의 '전 존재'로 읽으려고 했다. 그래서 성경말씀을 성구갑에 넣어 머리에 매고 다니거나 옷단에 넣어다니기도 했던 것이다.

성경을 만화책이나 소설책처럼 읽겠다는 생각이 아니라 하나님의 말씀을 읽고 듣겠다는 자세가 필요하다. 주의를 기울여 읽고 들으려할 때 온몸과 영혼이 깨어 있게 된다. 그리고 더 깊은 하나님의 은혜를 경험하고자 성경말씀에 깊이 몰입하게 되는 것이다.

읽으려는 사람과 들으려는 사람

너무 당연한 질문 같아 보이지만 스스로 대답해 보라. 당신은 성경을 읽으려고 읽는가? 아니면 들으려고 읽는가? 하나님의 말씀을 읽으려는 사람과 들으려는 사람의 차이는 아주 크다. 읽으려는 사람은 성경을 통해 지식과 교훈을 얻는 것으로 만족한다. 그런데 들으려는 사람은 살아 계시는 하나님이 자신의 인생을 향한 계시의 음성과 인도하심을 받고자 한다.

성경은 기록될 당시부터 사람에게 읽히도록 쓰인 책이 아니라 사람의 귀에 들리도록 기록된 책이었다. 처음부터 성경이 지금과 같은 책의 형태를 띤 것은 아니다. 성경은 하나님의 영감을 받은 저자들이 하나님께 들은 말씀을 두루마리에 기록한 것이다(눅 18:31, 롬 1:2, 히 1:1). 성경이 기록될 당시, 하나님의 영감을 받아 쓰인 두루마리는 많은 사람이 읽을 수 없었다. 그래서 사람들 앞에서 누군가가 소리 내어 하나님의 말씀을 읽어야 했다. 그 두루마리에 적힌 하나님의 말씀이 읽힐 때 사람들은 그 소리를 들음으로써 하나님 음성을 들을 수 있었다.

우리가 조금만 관심을 갖고 성경을 살펴본다면 하나님의 말씀을 듣고 반응한 사람들의 이야기를 곳곳에서 만나게 된다. 흥미롭게도 성경은 여호와의 말씀을 읽을 때보다 읽히는 소리를 들을 때 일어난 놀라운 반응들에 더 관심이 많은 것 같다(신 4:9-14; 대하 34:30-31; 느 8:1-3). 그래서 예수님은 사람들에게 "들을 귀 있는 자는 들으라"고 말씀하셨다. 하나님의 음성을 듣기 위해서는 성경을 소리 내어 읽어야 한다. 하나님에 대해 알아보기 위해서가 아니라 하나님의 음성을 듣고 깨달아 하나님께 반응하기 위해 성경을 읽어야 한다.

성경은 낭독하기 위해 쓰였다

17세기 활자가 발명되기 전까지 독서의 주된 형태는 낭독이었다. 독자들은 소리를 듣는 청중이었다. '읽다'라는 말 속에는 '나누어준다'는 의미가 담겨 있다고 한다. 이것은 문자를 읽을 수 있는 사람이 문맹자에게 '글을 나누어준다'는 의미, 즉 소리 내어 읽어주는 것을 뜻했다. 성경을 기록하기 위해 주로 사용된 두루마리는 파피루스라는 식물 줄기를 펼쳐서 만들었다. 두루마리가 귀했기 때문에 아무나 가질 수 없었다. 또한 두루마리 하나에 성경 66권이 지금처럼 다 들어갈 수는 없어 부피도 굉장했다. 개인이 소장할 수 없었다. 두루마리에 성경을 기록한 이유는 하나님의 계시의 말씀을 들었던 사람들이 이스라엘 백성들에게 그리고 다음 세대에 계속 전달하기 위해서였다.

따라서 성경을 읽을 때에는 소리 내어 읽는 것이 중요하다. 예수님도 회당에 가셔서 두루마리의 예언, 이사야의 말씀을 가져오게 하시고 말씀을 펼쳐 사람들 앞에서 읽으셨다. 구약성경만이 아니라 신약성경도 동일하다. 신약성경 대부분은 회람용 서신의 성격이 강했다. 교회에 온 편지를 한 사람이 대표로 읽으면 거기에 모인 성도들은 그것을 들었다. 성경이 만약 그렇게 쓰였다면 오늘 우리도 동일한 방식으로 성경을 읽어야 하지 않을까?

소리 내어 읽으며, 그 소리를 들어보자

큐티를 하면서 소리 내어 읽는 것만큼 소중한 습관은 없다. 큐티학교 10주 동안 지속적으로 훈련하는 것이 바로 소리 내어 반복하여 주어진 본문을 읽는 것이다.

"소리 내어 네 번 읽고 오세요."

큐티학교에 참석한 학생들은 소리 내어 읽고 난 뒤에 일어난 변화에 대해 자주 이야기한다. 소리 내어 읽으면 말씀이 마음 속에 남아 계속해서 생각나게 된다고 한다. 오랜 세월 큐티를 해왔던 분들 중에도 소리 내어 읽기를 통해 큐티에 대해 새롭게 깨닫게 되었다고 고백하는 분들도 있다.

큐티를 접한 지 무려 20년이란 세월이 흘렀습니다. 대학 다닐 때는 남들 따라 흉내 내는 정도였습니다. 그 생활이 익숙해지기 시작하니 빼먹으면 찜찜해서 대충 건성으로 본문말씀 한 번 읽고, '아… 그렇구나' 하면서 지나간 것이 저의 큐티였습니다. 이렇게 습관처럼 해오던 큐티를 고쳐야겠다는 생각에 큐티학교를 찾았습니다. 근데… 큐티가 네 번만 소리 내어 읽으면 끝이 났습니다. 일단은 부담이 없어서 좋았습니다. 매일 쉽게 할 수 있었습니다. 네 번을 읽다 보니 눈에 보이는 구절이 한 절, 두 절 늘어갔습니다. '아! 큐티는 이렇게 하는 거였구나.' 예전의 큐티 방식을 벗어나 자유롭게 묵상할 수 있었습니다. 무엇보다 감사한 것은 읽고 기도하고 묵상하는 습관이 서서히 자리 잡혀 간다는 것입니다.

성경을 소리 내어 읽는 것은 성경이 쓰이기 시작한 때부터 지금까지 이어져 내려오는 전통이다. 성경을 소리 내어 읽는 것은 여러 가지 장점이 있다.

첫째, 소리 내어 읽으면 소리가 몸의 언어로 바뀌게 된다. 소리 내어 읽으면 눈, 입, 귀, 그리고 온몸으로 본문을 읽게 된다. 즉, 입으로 읽은 내용을 귀로 들으며 몸으로 느끼고 기억하게 되는 것이다. 몸의 언어가 되는 과정이다. 이것은 묵상하는 데 있어서 아주 중요한 요소다. 묵상은 말씀을 내 안에 간직하는 데서 시작하기 때문이다. 소리가 몸의 언어로 바뀌게 될 때 하나님의 말씀을 몸과 영혼에 간직하게 된다.

둘째, 자신을 돌아보게 된다. 소리는 사람을 깨우고, 각성하게 하며, 반응하게 만드는 힘이 있다.

우리는 지금까지 끊임없이 소리에 반응하며 살아왔다. 소리를 통해 지식을 얻고, 깨달음을 얻었다. 소리는 외부에서 귀를 통해 들어오는 실제적인 소리와 내면에서 들려오는 깨달음이라는 소리로 나뉜다. 깨달음의 소리는 대체로 외부에서 들려오는 소리에 반응한 결과인 경우가 많다. 어떤 이는 스치는 바람소리를 듣고 하나님의 음성을 들었다고 한다. 다른 이는 아이들이 뛰어노는 소리를 듣고서 성령님께서 주시는 깨달음을 얻었다고 한다. 그런데 무엇보다 확실하고 분명하게 자신을 돌아보게 하는 소리는 성경말씀이 낭독될 때 들려오는 소리다. 성경을 소리 내어 읽어가다 보면 지금 자신의 마음을 들여다볼 수 있게 된다. 내가 화가 나 있는지, 우울한지, 감정이 복잡한지, 의심하고 있는지 자기 마음의 상태를 객관적으로 바라보게 한다. 흙탕물처럼 흐려져 있는 마음이 성경 읽는 소리를 통해 정돈되고 맑아져 하나님의 음성을 듣게 된다.

셋째, 눈으로 읽을 때보다 더 집중하게 된다. 소리 내어 책을 읽다가 잠드는 사람은 잘 없다. 오히려 소리 내어 읽으면 더 집중이 되고, 잠이 깨는 것을 경험한다. 소리 내어 책을 읽으면 이해되지 않던 문장들이 더 쉽게 이해된다. 눈으로 읽을 때는 이해되기도 전에 다른 잡념이 머릿속을 차지하지만 소리 내어 읽으면 잡념이 들어오기 전에 다시 본문의 소리를 듣게 되어 집중하게 된다.

넷째, 읽은 내용을 오래도록 기억할 수 있다. 눈으로 읽는 묵독이 시각으로 기억하는 것이라면, 소리 내어 읽는 것은 여기에다 청각 기억을 추가하는 것이다. 『낭독의 발견』의 저자 홍경수는 낭독을 다음과 같이 표현한다.

"소리 내어 읽는 자극을 몸으로 받아들이는 행위는 온천에 몸을 담그는 행위와 비슷하다. 즉 낭독이라는 환경을 만들고 그 속에 자기 자신을 담그는 것이다."

결국 낭독은 묵독보다 더 많은 신체감각을 사용하는 행위다. 따라서 눈으로만 본 것은 쉽게 잊힐 수 있지만, 소리 내어 읽은 내용은 여러 감각 기관과 복합적으로 연관되어 더 오래 기억에 남는 것이다. 일본 학자 사이토 다카시는 "소리 내어 읽으면 그 리듬이나 템포가 몸에 스며들게 된다"고 한다. 단순히 스며드는 것이 아니라 몸에 활력을 주고, 마음의 힘으로 연결된다는 것이다. 따라서 낭독은 단순히 관념적인 행위가 아니라 몸이 깨어나고 몸에 활력을 주는 적극적인 신체활동인 것이다. 과거 로마시대에는 낭독을 건강에 도움이 되는 운동으로 보았다고 한다. 실제로 책을 소리 내어 읽는 것은 입, 머리, 가슴, 팔에 매우 좋은 운동이 된다. 책을 소리 내어 읽어본 사람은 안다. 낭독하면 배가 고프다. 낭독은 적극적인 신체행위이기 때문이다.

우리 선조들도 소리 내어 책을 읽었다. "하늘 천, 따 지…" 하면서 소리 내어 읽을 때 글 읽는 소리를 들으면서 글을 외우고, 그 뜻을 깨달았다. 노래도 마찬가지다. 다른 것은 잘 외우지 못하는데 노래 가사는 어쩌면 그렇게 잘 외워질까? 소리 내어 부르다 보니 자연스럽게 몸의 언어가 되어버렸기 때문이다. 생각하면 가사가 잘 떠오르지 않는데 정작 노래하려고 몸을 흔드는 순간 자동으로 가사가 생각나는 것이 바로 그 이유다.

큐티는 하나님의 말씀을 간직하기 위해 말씀을 받는 시간이다. 말씀을 받으려면 소리 내어 읽어야 한다. 하나님의 말씀을 간직하고 그 말씀을 얼마나 오랫동안 묵상하느냐에 따라 묵상의 깊이는 달라진다.

강세를 주라

소리 내어 읽었다면 이제 강조하며 읽어야 한다. 아무런 감정이나 고저 없이 그냥 읽는 것보다는 리듬을 타거나, 몸을 흔들거나, 강세를 넣어서 읽는 것이 좋다. 그냥 밋밋하게 읽으면 별로 기억에 남지 않는다. 그런데 조금만 변화를 주어 읽어도 읽는 것이 재미있어지고, 읽은 내용이 머릿속에 남아 있는 것을 경험한다. 아래에 적힌 '성경묵상'이라는 네 글자 중에서 굵은 글씨로 된 부분을 강조해서 읽어보라.

성경묵상, 성**경**묵상, 성경**묵**상, 성경묵**상**

사람은 말할 때나 글을 읽을 때, 자신이 강조하고 싶은 것을 강하게 읽는 경향이 있다. '성'을 강조하며 읽는 경우는 성경이 하나님의 거룩하신 책이라는 것을 강조하는 것이다. 어떤 이는 '묵'을 강조하며 읽는다. 성경을 묵상하는 일이 너무 중요하다고 생각하기 때문이다. 다른 이는 '상'을 강조한다. 성경을 읽고 생각하는 베뢰아 사람들과 같은 모습이 필요하다고 생각하기 때문이다. 사람들은 저마다 자신이 강조하고 싶은 것에 힘을 주어 읽는다. 그리고 힘주어 읽은 단어나 구절을 기억하기 원하고, 또한 기억한다. 이번에는 아래에 있는 성경구절을 조금 빠른 속도로 읽어보라.

이 율법책을 네 입에서 떠나지 말게 하며 주야로 그것을 묵상하여 그 안에 기록된 대로 다 지켜 행하라 그리하면 네 길이 평탄하게 될 것이며 네가 형통하리라(수 1:8)

눈을 감고서 방금 읽은 구절에서 생각나는 단어를 말해보라. 자, 이번에는 아래에 있는 성경구절을 조금 빠른 속도로 읽되 강조한 글자에 강세를 두어서 읽어보라.

이 **율법책**을 네 **입**에서 떠나지 말게 하며 **주야**로 그것을 **묵상**하여 그 안에 기록된 대로 다 지켜 **행하라** 그리하면 네 길이 **평탄**하게 될 것이며 네가 **형통**하리라(수 1:8)

이번에도 눈을 감고, 방금 읽은 구절에서 강조하여 읽은 단어들을 떠올려보라. 아마도 거의 대부분이 기억날 것이다. 한 번을 읽어도 강조하여 읽으면 말씀이 머릿속에 들어오기 시작하는 것을 느낄 수 있다. 그래서 강조하며 읽는 것이 중요하다. 은혜로운 설교말씀을 오래도록 기억하기 위해 목사님이 강조하시는 내용, 또 나에게 깨달음이 되는 내용을 기록하고 밑줄을 긋고 다시 한 번 강조하면서 스스로 읽어보라. 그러면 그 말씀이 자신의 마음에 남아 있는 것을 경험하게 될 것이다.

성경을 읽을 때도 밑줄을 긋고 강조하며 반복해서 읽을 때 묵상이 시작된다. 말씀을 묵상한다는 것은 강조한 단어나 구절에 집중해서 그 뜻을 생각하고, 나에게 어떤 의미가 있는지 생각하는 것이기 때문이다. 제대로 묵상을 하려면 묵상할 거리가 있어야 한다. 그 묵상할 거리가 바로 강조하여 읽은 구절이나 단어이다.

사건의 현장 속으로 들어가라

강조하여 읽었다면 이제는 강조하여 읽은 부분의 행간의 의미를 생각해 보아야 한다. 성경이 어려운 이유에 대해 어떤 분은 성경을 연애편지같이 읽지 않아서라고 한다. 연애편지 읽듯이 한 자 한 자 곱씹으면서 읽으면 그 뜻과 의미를 발견하게 되기 때문이다. 성경은 분명히 하나님의 연애편지임에는 틀림없다. 성경에는 아들을 이 땅에 보내시기까지 우리를 사랑하신 하나님의 마음이 절절히 배어 있다는 것을 모르는 사람이 어디 있겠는가. 연애편지를 읽을 때처럼 성경을 읽으라는 말은 그 말 속에 숨은 뜻을 생각하며 읽어보라는 말이다.

연애편지에 적힌 '떨어지는 낙엽을 보며'라는 구절을 그냥 글자 그대로 '낙엽이 떨어지고 있구나'라고 읽는 사람이 있다면 그 사람은 상당히 힘든 사귐을 하고 있을 것이 분명하다. 연애편지를 읽어가다 보면 상대에 대한 생각이 꼬리에 꼬리를 물게 된다. 그래서 그 사람이 더 그리워지고, 더 깊은 사랑을 쌓게 되는 것이다.

17세기 프랑스 경건 운동의 선구자 잔느 귀용 부인은 다음과 같이 당부한다.

성경을 빨리 읽기만 한다면 아무런 유익도 얻지 못할 것이다. 그것은 마치 벌이 꽃의 표면만 대강 훑어보고 지나가는 것과 같다. 성경을 읽을 때는 꽃의 깊숙한 곳을 파고드는 벌이 되어야 한다. 가장 깊은 곳의 과즙을 빨아먹을 수 있을 정도로 깊이 뛰어들어야 한다.

성경에 나오는 이야기를 읽으면서 상상력을 동원하여 본문의 내용 속으로 뛰어들어야 한다. 한번 생각해 보라. 예수님께서 오병이어의 기적을 행하셨다. 물고기 두 마리와 보리떡 다섯 개로 5,000명을 먹이셨다. 이 기적을 베푸실 때, 과연 몇 번의 기적이 일어났을까?

다른 관점에서 이 이야기를 바라본 한 사람은 이렇게 해석한다. 조그마한 보리떡을 가져와서 조금씩 나눠주는 모습을 사람들이 보자, 자신들이 가져왔던 떡을 내어놓기 시작했다는 것이다. 그 결과 모든 사람들이 각자 가진 것을 내어놓고 서로 나눠먹기 시작했는데 그때 남은 음식이 열두 광주리나 되었다는 것이다. 대단한 상상력이다. 그렇지만 이러한 상상력은 예수 그리스도의 능력을 믿지 않는 불신자의 상상력에 불과하다. 가끔씩 불신자들의 상상력이 신자들의 상상력을 초월하는 것을 본다. 아마도 신자들은 모든 것을 믿음으로 보기 때문에 더 이상 생각해볼 것이 없다고 여기는 것은 아닐까 하는 생각이 든다.

그렇지만 믿음을 근거로 한 상상력도 필요하다. 그럼, 다시 한 번 오병이어의 기적에서 일어난 기적의 횟수를 상상해 보자. 몇 번의 기적이 일어났겠는가? 내 생각에는 적어도 오천열두 번 일어났을 것 같다. 성경은 분명하게 제자들에게 떡을 떼어서 주고 사람들에게 나누어주라고 기록하고 있기 때문이다

(마 14:19). 그러니 아마도 떡을 떼어줄 때마다 기적이 일어났을 것이다. 말씀을 상상하며 읽어보라. 그러면 그 속에서 풍성한 은혜와 깨달음을 얻게 될 것이다.

예수께서 여리고로 들어가 지나가시더라 삭개오라 이름하는 자가 있으니 세리장이요 또한 부자라 그가 예수께서 어떠한 사람인가 하여 보고자 하되 키가 작고 사람이 많아 할 수 없어 앞으로 달려가서 보기 위하여 돌무화과나무에 올라가니 이는 예수께서 그리로 지나가시게 됨이러라 예수께서 그곳에 이르사 쳐다보시고 이르시되 삭개오야 속히 내려오라 내가 오늘 네 집에 유하여야 하겠다 하시니 급히 내려와 즐거워하며 영접하거늘(눅 19:1-6)

호기심과 불안감으로 가득 찬 삭개오는 마을을 지나시는 예수님을 보길 원했다. 예수님을 보고자 하는 그의 욕망은 상상을 초월했다. 다른 사람의 시선에 아랑곳하지 않고 어린아이처럼, 예수님께서 지나갈 것으로 예상되는 길로 달려가서는 돌무화과나무에 올라갔다. 삭개오는 예수님을 한 번 뵈어야겠다는 생각으로 가득 차 있었던 것이다. 그런데 예수님께서 삭개오의 이름을 부르셨다. "…삭개오야 속히 내려오라 내가 오늘 네 집에 유하여야 하겠다 하시니"(눅 19:5). 이 구절을 묵상하다가 문득 이런 생각이 들었다. '예수님께서는 어떻게 삭개오의 이름을 아셨을까?' 예수님께서는 어쩌면 삭개오를 만나러 여리고에 가셨다는 생각이 들었다. 왜냐하면 예수님은 삭개오에게 "네 집에 유하여야 하겠다"라고 말씀하셨기 때문이다. 그분은 삭개오의 집에 머물기를 원하셨다. 어쩌면 삭개오를 만나기 위해 여리고에 오셨고, 돌무화과나무에 올라가 앉아 있는 삭개오를 찾아가 그의 이름을 불러주셨다는 생각이 들었다. 그 순간 나는 나도 모르게 이 찬양을 흥얼거리고 있었다.

나를 지으신 주님 내 안에 계셔
내가 어딜 가든지 날 떠나지 않죠.
내 이름 아시죠.
내 모든 생각도 내 흐르는 눈물
그가 닦아주셨죠.

예수님은 삭개오의 집에 머무셨다. 삭개오는 주님과 진지하게 대화를 나누며 식사할 수 있는 영광을 누렸다. 그리고 다시 한 번 '너의 집'이라는 단어가 눈에 들어왔다. 주님은 지금 나의 집에서 나와 대화하며 교제하기를 원하신다. '너의 집'이 바로 경건의 시간이요, 내가 주님을 모셔야 하는 내 삶의 한 영역이라는 사실을 깨닫게 되었다.

상상하며 읽기는 묵상의 세계로 들어가는 문을 열어준다. 그런데 마음에 간직한 말씀이 없다면 상상하며 읽기는 불가능하다. 그래서 말씀을 강조하며 읽는 것이 중요하다.

길을 가던 장사꾼이 함께 데리고 가던 낙타를 잃어버렸다. 지나가는 수도자에게 혹시 낙타 한 마리를 보지 못했느냐고 물었다. 그때 수도자는 이렇게 대답했다.

"혹시 그 낙타가 오른쪽 눈이 안 보이고, 왼쪽 앞발을 절고, 앞니가 부러졌나요?"

이 말을 들은 장사꾼은 그 수도자가 낙타를 훔친 줄 알고 재판관에게 데려갔다. 재판관은 수도자에게 낙타를 훔쳤느냐고 물었다. 수도자는 고개를 저으며, 자신이 훔치지 않았다고 했다. 재판관은 어떻게 낙타에 대해 그토록 자세히 알고 있는지 물었다. 수도자는 대답했다.

"길의 왼쪽 풀밭만 뜯겨 있어서 낙타의 오른쪽 눈이 안 보이는 것을 알았고, 모래 위의 왼쪽 앞발 자국이 다른 발자국보다 희미한 것을 보고 왼쪽 앞발을 저는 것을 알았습니다. 또 낙타가 뜯어먹은 풀잎이 가운데만 남은 걸 보고 앞니가 부러진 줄 알았습니다."

우리가 성경을 읽을 때 대수롭지 않게 넘어가기 쉬운 작은 부분을 붙잡고 상상해보면 전혀 예상치 못했던 깨달음을 얻을 수 있다. 상상하며 성경을 읽어보라. 성령께서 주시는 은밀하고 깊은 뜻을 발견하게 될 것이다.

베데스다 연못에는 많은 병자들이 있었다. 예수님께서 연못에 오셨다. 그곳에서 38년 된 병자를 보셨다. "네가 낫고자 하느냐?" 하고 물으셨다. 그때 병자는 예수님께 "주여, 물이 움직일 때 나를 못에 넣어주는 사람이 없어 내가 가는 동안에 다른 사람이 먼저 들어갑니다"라고 대답했다.

이 연못에는 한 가지 전설이 있었다. 천사가 가끔 못에 내려와 물을 움직이게 하는데 그때 먼저 들어가는 사람은 어떤 병이든 낫게 된다는 것이다. 이 전설 때문에 지금 연못가에는 병자, 맹인, 다리 저는 사람, 혈기 마른 사람들이 누워 있었다. 38년 된 병자가 예수님께 했던 말은 자신이 물이 움직일 때 가장 먼저 들어가야 하는데 그럴 수 없는 처지라서 아직까지 병이 낫지 않고 있다는 것이다.

한 번 상상해보라. 이 말이 얼마나 어리석은가! 연못에 물이 움직인다는 것은 어떤 일이 일어난다는 말일까? 가만히 있던 물이 움직이려면 누가 돌을 던지든지 아니면 하늘에서 뭔가가 떨어지든지, 아니면 속에서 뭔가가 솟아나야 한다. 그런데 그런 일은 늘 발생하지 않는다. 가끔 있는데 그때마다 병자가 나았다. 가만히 생각해보면, 그 연못 밑에서 온천수가 터져나오곤 했다는 것이다. 당시 사람들은 천사가 와서 물을 튕겨주고 갔다고 생각했지만, 사실은 땅에서 물이 솟아났다.

그렇다면 물이 움직일 때 제일 먼저 달려가는 사람이 병이 낫는다는 말을 생각해보자. 제일 먼저 달려갈 수 있는 사람은 어떤 병을 가진 사람일까? 온천의 효능을 누릴 수 있는 질병은 어떤 것들일까? 피부병, 각종 관절병이다. 그렇다면 물이 움직일 때 가장 먼저 달려갈 수 있는 사람은 누구겠는가? 그는 아마도 피부병 환자일 것이다.

38년 된 병자는 아무리 달려가도 먼저 들어갈 수 없다. "내가 가는 동안에 다른 사람이 먼저 들어갑니다"라는 구절이 눈에 들어왔다. 그리고 말씀을 가만히 묵상하다 보니 그 말은 평소 내가 자주 하던 말이었다. "나에게는 든든한 배후가 없고요, 나를 도와주는 사람이 없어요. 내가 가는 도중에 다른 사람이 먼저 성공을 합니다. 그래서 내가 1등을 하고 싶어도 할 수 없어요. 내게 능력을 주셔서 1등하게 해주세요." 세상의 헛된 신화들에 속아서 살았던 시간들, 어떻게 하면 경쟁사회에서 이길 수 있을까 고민하며 성공하는 사람들을 부러워하며 넋두리하던 그때가 생각났다. 경쟁에서 이기려고 아등바등하던 나의 모습이 떠올랐다.

그런데 베데스다에서 만난 예수님은 성공을 향한 헛된 경쟁과 그 속에서 힘들어하는 지금 우리에게 말씀하고 계셨다. 우리는 베데스다에 있던 병자처럼 경쟁에서 이길 수 있는 능력을 얻길 간구하지만, 주님은 우리에게 경쟁하지 않고도 얼마든지 성공할 수 있는 길을 알려주신다. 나는 이 말씀을 묵상하며 더 이상 다른 사람들과 비교하며 스스로 힘들어할 필요가 없음을 알게 되었다. 나에게 필요한 것은, 내 부족한 능력을 채우는 것이 아니라 주님께서 나를 인도해주실 것이라는 확신을 갖는 것임을 깨닫게 되었다.

성경을 읽을 때 상상력을 동원하는 것은 여러모로 유익하다.

상상 속에서 그 사건의 현장, 말하고 있는 사람의 상황에 들어가보면 다양한 것을 느끼고 깨닫게 된다. 계절은 언제이고, 시간은 몇 시쯤이며, 현장에 어떤 소리와 냄새가 있었을지 상상해보는 것이다. 등장인물이 되어보기도 하고, 관찰하는 사람이 되어보기도 하고, 때로는 과감하게 등장인물들과 대화도 나누어보라. 어느새 말씀이 당신의 머리가 아니라 가슴으로 내려와 있는 것을 발견하게 될 것이다. 하나님의 임재 안에서 하나님의 말씀이 당신을 가득 채우는 것을 경험할 것이다.

깨달음이 시작되는 순간

물이 수증기로 변하는 순간을 임계점이라고 한다. 성경말씀을 반복해서 읽을 때도 임계점과 같이 깨달음이 시작되는 순간이 있다. 지금까지 큐티학교를 통해 반복해서 성경 읽기를 경험한 학생들은 네 번 소리 내어 읽을 때 성경본문이 머릿속에 들어오고, 묵상을 시작할 수 있었다고 한다. 그런데 성경을 소리 내어 반복해서 읽는다고 해서 모두 깨달음을 얻는 것은 아니다. 성령님께서 그날 본문 가운데 말씀을 조명해 주셔야 깨달음을 얻을 수 있다. 그래서 소리 내어 네 번 읽을 때도 나름의 방법이 있다.

네 번 소리 내어 읽을 때, 먼저 세 번은 소리 내어 또박또박 읽는다. 네 번째는 자신의 귀에만 들릴 정도로 작은 소리로 천천히 생각하며 읽어야 한다. 자, 그럼 더 구체적으로 살펴보자.

1. 소리 내어 읽기
2. 표시하며 읽기
3. 강조하며 읽기
4. 생각하며 읽기

먼저 소리 내어 조금 빠르게 읽어보라. 소리 내어 읽는 중에 눈에 띄는 구절이나 단어가 있었는가? 두 번째 읽을 때는 눈에 띄었던 구절이나 단어를 볼펜이나 색연필로 표시하며 읽어보라. 이번에도 소리 내어 읽어야 한다. 세 번째 읽을 때는 표시한 부분을 강조해서 읽어보라. 강조하며 읽는 이유는 앞으로 표시한 구절이나 단어를 중심으로 묵상할 것이기 때문이다.

네 번째 읽을 때는 조금 천천히 작은 소리로 강조한 구절이나 단어가 본문에서 어떤 의미가 있는지를 생각하며 읽어보라. 가령 "떠나지 말게 하며, 평탄하게 될 것이며"(수 1:8)라는 구절을 표시하고 강조하여 읽었다고 하자. 이제 그 구절을 마음으로 천천히 생각하면서 읽어보는 것이다. '내가 지금 평탄하지 못한 이유는 무엇인가?' '왜 나에게 떠나지 말라고 하지?' '과연 평탄한 삶이란 어떤 삶이지?' 이런 생각을 가지고 성경을 다시 읽어가다 보면 성령께서 깨달음을 주시는 것을 경험하게 될 것이다.

이제 시편 1편을 방금 소개한 방법으로 소리 내어 네 번 읽어보라.

복 있는 사람은 악인들의 꾀를 따르지 아니하며 죄인들의 길에 서지 아니하며 오만한 자들의 자리에 앉지 아니하고 오직 여호와의 율법을 즐거워하여 그의 율법을 주야로 묵상하는도다 그는 시냇가에 심은 나무가 철을 따라 열매를 맺으며 그 잎사귀가 마르지 아니함 같으니 그가 하는 모든 일이 다 형통하리로다 악인들은 그렇지 아니함이여 오직 바람에 나는 겨와 같도다 그러므로 악인들은 심판을 견디지 못하며 죄인들이 의인들의 모임에 들지 못하리로다 무릇 의인들의 길은 여호와께서 인정하시나 악인들의 길은 망하리로다

네 번 소리 내어 읽었다면 이제 눈을 감고서 방금 읽었던 본문에서 생각나는 단어나 구절을 떠올려보라. 반복해서 읽는 동안 하나님의 말씀을 머릿속에 넣게 되었다. 그러면 이제 그 의미와 오늘 나에게 그 부분이 눈에 들어온 이유를 생각해보라. 이것이 오늘 나에게 주시는 하나님의 말씀을 붙드는 과정이다. 중요한 사실은 자신의 생각과 마음에 말씀을 붙들어놓기만 해도 놀라운 일이 일어난다는 것이다. 하나님의 말씀은 살아 움직이는 말씀이다. 성령께서 어두운 우리의 심령에 깨달음의 빛을 비춰주셔서 말씀이 나의 심령에서 살아나도록 도우실 것이다. 성령은 우리 삶의 정황을 관통하는 통찰력과 깨달음을 주

신다. 성령께서 역사하실 때까지 반복해서 소리 내어 성경을 읽으라. 나에게 주시는 단어나 구절을 당신의 머리와 심령에 간직한 채로 그 뜻과 의미를 생각하며 반복해서 읽어보라. 반복적으로 소리 내어 읽는 동안 성령께서 주시는 깨달음 즉, 하나님의 음성을 듣게 될 것이다.

Part 2
말씀을 삶 속에서
소화시키라

4장

말씀을 비벼 먹자

앞에서 성경 읽기와 관련해서 중요한 것을 배웠다. 성경을 네 번 소리 내어 읽는 것이다. 어떻게 읽어야 하는지 그 순서를 기억하고 있는가? 소리 내어 읽기, 표시하며 읽기, 강조하며 읽기, 작은 소리로 생각하며 읽기. 보기에는 쉬워 보이지만 실제로 네 번 읽어본 사람들은 공통적으로 소리내어 읽는 것이 생각보다 어렵다는 것이다. 방법이 어려운 것이 아니라 아직 익숙하지 않기 때문이다. 이것도 습관의 문제다. 한번 스윽 읽고 말았던 큐티에서 소리 내어 반복해서 읽는 것은 노력이 필요하다. 반복해서 소리 내어 읽는 이유는 말씀을 머릿속에 간직하기 위해서다. 그릇에 밥을 담듯 말씀을 머리에 담는 것이다. 이렇게 말씀을 간직하는 그 순간부터 진짜 묵상은 시작된다.

말씀을 담고 비벼 먹어라

음식은 그 나라와 민족의 정체성을 가장 잘 대변해 준다. 요즘 한국을 대표하는 음식으로 떠오르는 것들 중에 하나가 비빔밥이다. 비빔밥에 대해 연구한 식품학자들은 비빔밥만한 웰빙식품이 없다고 한다. 비빔밥은 슬로푸드(slow food)이면서 또한 패스트푸드(fast food)이다. 언제라도 쉽게 금방 만들어 먹을 수 있다는 점에서 패스트푸드이지만, 그 안에 들어가는 야채와 나물 같은 재료들은 모두 슬로푸드이다. 게다가 풍부한 영양소에 비해 칼로리는 낮다. 그런데 비빔밥이 한국을 대표하는 음식이 될 수 있는 것은 전 세계 어디에도 없는 '비벼 먹는' 방식 때문이다. 물론 비빔밥과 비슷해 보이는 음식들이 있기는 하지만 우리처럼 비벼 먹지는 않는다. 언젠가 『광수생각』에서 비빔밥을 이렇게 예찬했다.

우리 고유의 음식인 비빔밥에는 여러 가지 재료가 들어갑니다. 늘 같은 것은 아니지만 쌀은 이천에서 나는 쌀을 쓰고, 고추장은 전북에서 만든 순창고추장을 씁니다. 계란은 경기도 파주에서 가져와서 후라이를 만들어 밥 위에 얹고, 나물들은 산 깊은 강원도에서 가지고 옵니다. 김은 부산에서 올라오고요, 참기름은 충청도에서 가져다 씁니다. 그 하나로는 그리 특별한 맛을 낼 수 없지만 팔도의 여러 가지 맛이 모여 절대 흉내낼 수 없는 맛을 냅니다. 음식이 그러하듯 우리도 잘 어우러지면 더 깊고 훌륭한 맛을 낼 겁니다.

온갖 나물들과 재료들이 뒤범벅이 되어 비빔밥이 완성된다. 그런데 기가 막힌 것은 그 비빔밥을 먹으면서 "오늘 콩나물무침에 참기름이 너무 들어갔다", "오늘 미역나물이 빠지니 좀 심심하다" 하면서 비빔밥 속에 무엇이 들어있는지 정확히 안다는 것이다. 그리고 어떤 때는 빠진 것도 정확히 집어낸다. 물론 비빔밥 전체의 맛도 안다. 비빔밥에는 여러 가지 나물들이 어우러지고 양념까지 어우러져서 나오는 종합의 맛이 있다. 그래서 비빔밥은 단순한 것 같은데 심오하다. 그리고 누구나 쉽게 먹을 수 있는 음식이다. 굳이 포크와 나이프를 쓰는 법을 배우지 않아도, 심지어는 젓가락질하는 법을 배우지 않아도 얼마든지 즐길 수 있다.

묵상도 따지고 보면 비빔밥과 비슷하다. 심령이라는 그릇에 오늘 나에게 주시는 하나님의 말씀이라는 밥을 담는다. 그런 다음 삶의 정황, 자신의 생각과 고민, 그 사람의 성품과 신앙관, 가치관 등이 어우러져서 비벼지는 것이 묵상이다. 이 과정에서 성령님은 모든 재료들이 잘 비벼지게 하시며, 비벼진 말씀을 통해 깨달음을 주신다.

전에 대학생 선교단체에서 사역하면서 귀납적 성경연구법을 가르친 적이 있다. 귀납적 성경연구법은 주어진 성경본문을 관찰, 해석, 적용하는 과정을 통해 하나님의 말씀을 연구하는 방식이다. 귀납적 성경연구를 가르치면서 가장 어려웠던 점은 바로 동양적 사고의 한계를 극복하기 힘들다는 것이다. 귀납적 사고는 논리적으로 단어와 구절을 따로 떼어서 관찰하고 해석하여 그 속에서 전체를 관통하는 핵심 메시지를 찾아내야 한다. 그런 다음 다시 그 메시지를 삶의 정황 속에 적용하는 과정을 거쳐야 한다. 이러한 과정을 잘 따르려면 논리적이고 분석적 사고에 익숙해야 한다. 그런데 논리적이고 분석적인 사고는 사실 우리의 사고습관과는 거리가 있는 편이다. 그냥 성경을 읽고 그 속에서 발견한 메시지를 이야기해 보라고 하면 얼마든지 잘 찾아내는 학생들도 귀납적 성경연구를 통한 묵상은 어려워한다.

우리는 성경을 읽다가 은혜를 받는다. 은혜를 받다가 내가 은혜 받은 것이 바른 것인지 확인하고 싶어 다시 성경을 본다. 성경을 관찰하며 읽다가 갑자기 적용으로 가기도 하고, 적용하다보니 성경에서 벗어난 것 같아 다시 성경을 읽고 해석하기도 한다. 사실 성경을 묵상할 때 이렇게 순서가 뒤죽박죽되어야 정상이다. 우리 머릿속에서 관찰, 해석, 적용이라는 과정이 서로 뒤엉켜 비벼질 때 제대로 된 깨달음이 찾아온다. 그래서 묵상은 비빔밥인 것이다.

묵상을 하며 하나님의 말씀과 나의 삶 즉, 내가 살아온 삶, 살아갈 삶이 뒤섞여 비벼질 때 오늘 내가 살아야 할 삶이 보인다. 말씀의 현장과 내 삶의 현장, 그리고 내 생각의 한계가 서로 비벼지는 과정이 바로 묵상이다. 그렇게 이리 섞이고 저리 섞여 비벼질 때 그 속에서 나의 생각과 삶을 관통하는 하나님의 음성을 듣게 된다. 우리는 그것을 묵상을 통해 주시는 성령의 조명하심, 깨달음, 하나님의 음성이라고 한다.

어떤 분이 묵상을 하다가 깨달은 것을 말해 주었다.

"하나님은 분명히 우리 인생을 향해 오래 참으시는 분입니다."

그분이 이런 말을 한 이유는 오늘 큐티 본문이 그런 메시지를 전하고 있기 때문이기도 하지만, 사실은 이 사람의 삶에 하나님의 오래 참으심과 관계되는 어떤 문제가 있기 때문이다. 하나님께서 인내하는 사람에게 주시는 복과 관련한 말씀을 묵상하는 중에 자신의 문제에 대한 메시지를 깨달았던 것이다.

묵상은 비빔밥이다. 삶과 말씀이 뒤섞여 있다. 여러 가지 의미 있는 사실들이 모일 때 우리는 그 안에서 중요한 메시지를 발견한다. 그렇게 메시지가 발견되는 과정, 머릿속에서 뒤죽박죽 어우러지는 과정이 바로 묵상이다. 형식적인 말씀묵상이 아니라 참된 묵상을 하기 원한다면 하나님의 말씀을 자신의 머리와 심령에 담고 그 말씀을 비벼 먹는 묵상을 시작해보라.

말씀을 영혼에 채우는 묵상

성경말씀을 통해 하나님을 만나고 하나님을 경험하는 큐티를 하기 원한다면 바른 묵상을 배워야 한다. 우리는 자주 묵상을 서양의 것으로 오해할 때가 있다. 그러한 오해는 명상과 묵상의 경계에서 시작되었을 것이다. 우리에게는 묵상보다는 명상이라는 단어가 더 익숙하기 때문이다.

그러나 기독교의 묵상과 동양의 명상 간에는 차이가 있다. 가장 큰 것은 명상하는 대상이 다르다는 점이다. 동양의 명상은 자기 자신이 대상이다. 그러나 기독교의 묵상은 하나님이 대상이다. 동양의 명상은 아무것도 생각하지 않고 수동적인 자세로 자신의 머릿속에 있는 것을 모두 비우는 과정이다. 이 과정을 통해 사람은 세상으로부터 더 많이 결별하게 되고 누구도 무엇도 필요치 않는, 세상의 그 어떤 것에도 흔들리지 않는 자아가 된다고 한다. 결국 명상을 통해 신(神)이 되는 것이다.

기독교의 묵상도 하나님의 말씀을 마음에 간직하고 그 말씀을 생각하는 과정에서 명상처럼 자신을 비우게 되는 과정이 있다. 심령과 머릿속에 가득한 죄와 허물로 인해 썩어져가는 옛사람을 벗어버린다는 의미에서 비운다는 것이다. 하나님의 말씀에 순종하지 못하게 방해하는 것들을 하나씩 비웠다면, 그 빈자리를 하나님의 진리의 말씀으로 채우는 것이다. 그런 점에서 묵상은 명상과 달리 채우는 과정이다. 말씀을 자신의 심령과 머릿속에 채우는 묵상을 통해 행동과 성품의 변화를 추구하면서 하나님께 순종하는 삶으로 나아가는 것이다. 그래서 십자가의 성 요한은 묵상을 "하나님께로 향하는 것이자 동시에 하나님의 피조물에서 돌아서는 것입니다"라고 했다. 묵상이란 잡념과 욕망에 빠진 자아가 자기 자신에만 몰두하는 것에서 눈을 돌려 하나님을 바라보는 것이다. 그 과정에서 말씀은 하나님을 바라보는 가장 좋은 도구가 된다. 토마스 머튼의 묵상에 대한 생각을 들어보라.

참된 묵상가는 일상 생활과 세상 현실에 대해 남들보다 흥미와 관심이 더 적은 것이 아니라 더 많은 사람입니다. 묵상가이기에 더 큰 흥미와 더 깊은 관심을 품을 수 있습니다. … 그렇다고 묵상가가 정치나 경제 사안에도 실무적으로 더 깊이 통찰한다는 뜻은 아닙니다. 묵상가가 수학자와 기술자보다 그들 전공분야에서 더 뛰어나다는 말도 아닙니다. 다른 사람들에게 가장 실제적이고 급박해 보이는 모든 일에서 묵상가는 미련할 정도로 서툴러 보일 수도 있습니다. 그러나 그에게는 영원하고, 진정 깊이 있고, 인간적이고, 정말 영적이고, 심지어 신적인 가치의 진가를 알아보는 더없이 귀한 은사가 있습니다.

묵상은 세상과의 고립이 아니라, 세상과의 연합이요 연결점이다. 이러한 묵상의 이해는 어떻게 하늘의 뜻이 땅에서도 이루어져야 하는지에 대한 답이 된다(마 6:10). 그런데 나는 묵상에 대해 연구하다가 성경적인 묵상의 전통과 비슷한 모습을 우리 선조들의 선비정신에서 발견할 수 있었다. 과거 우리 조상들은 선비를 단순히 지식이 많은 사람으로, 그저 양반 행세를 하는 사람으로 생각하지 않았다. 선비는 그가 공부하고 깨달은 것을 통해 세상과 삶에 대한 지혜를 가진 사람이었다. 뿐만 아니라 그 지혜를 자신의 삶에 실천하는 사람이었다. 그래서 그들은 경전을 소리 내어 반복해서 읽고 쓰면서 단순히 지식을 얻는 데서 그치지 않고 깨달음을 얻고자 했다.

우리 선조 중에 위백규라는 분은 "글의 껍질만 읽어 축축한 흙을 얻는 데 만족해서는 안 된다. 언제 어디서나 쓸 수 있는 달고 찬 샘물을 길어 올리는 데 이르러야 한다"고 했다. 또 이덕수라는 분은 "빨리 많이 읽기만 힘쓰고 의미를 살피고 따져보아 깊이 젖어들지 않는다면, 소나기가 잠깐 땅 위를 휩쓸고 지나간 것과 다름이 없다"고 했다. 아무리 사서삼경을 외우고 그 뜻을 지식으로 안다고 할지라도 자신의 삶과 세상을 바꾸려는 의지를 가지고 살아가지 않는다면 아무 소용이 없다는 것이다.

선비들의 깨닫는 삶, 그 깨달음을 자기 삶에 실천하는 삶, 불의와 타협하지 않고 절개를 지키는 삶, 깨달은 진리를 위해 목숨까지 버리는 강직한 삶은 오늘날 세상의 빛과 소금으로 살아가려고 성경을 묵상하는 우리 그리스도인들의 모습과 상당히 닮아 있다. 그런 점에서 우리도 이 시대의 '기독 선비'가 되어야 한다. 하나님의 말씀을 묵상하고, 그 말씀을 소화시켜 깨달은 것을 실천에 옮기는 삶, 하늘의 뜻이 땅에서도 이루어지는 것을 경험하는 삶을 살아야 한다. 이것이 말씀을 영혼에 채우는 묵상의 진정한 목적이다.

소화된 말씀이 깨달아질 때 변화가 일어난다

우리가 자주 착각하는 것 중 하나는 지식이 많으면 삶이 쉽게 변할 것이라는 생각이다. 성경말씀에 대한 지식이 많다고 해서 삶의 변화가 쉽게 일어나지는 않는다. 오히려 변화가 더 힘들어질 수도 있다. 그런데 하나님의 말씀을 통해 깨달은 지혜는 삶을 바꾼다. 왜냐하면 그 지혜는 하나님의 지혜요, 우리 삶에 역사하시는 지혜와 계시의 영이신 성령께서 주시는 것이기 때문이다. 그래서 깨달음이 큰 사람일수록 삶에 큰 변화가 일어나는 것이다.

사도 바울은 원래 예수 믿는 사람들을 핍박하던 사울이었다. 그런 그가 자신이 핍박했던 예수님을 전하는 사람으로 바뀌게 된 것은 바로 깨달음 때문이었다. 그는 다메섹으로 가는 길에 하나님의 계시의 빛을 보았다. 그 빛 가운데서 예수님의 음성을 들었다. 성령께서 그에게 깨달음을 주셨다. 자신의 눈이 멀어졌다가 밝아진 것처럼 자신이 바로 무지의 어둠 속에 있었음을 깨달았다. 그래서 그는 이전과는 전혀 다른 인생을 살아갈 수 있었다.

사람을 바꾸는 것은 지식이 아니라 깨달음이다. 술과 담배를 끊으려고 아무리 노력해도 잘 안 되는 사람이 있다. 술과 담배가 해로운 것을 몰라서가 아니다. 그렇다고 끊는 법을 모르는 것도 아니다. 자신의 의지로 끊으려고 노력도 해보고, 여러 가지 방법과 도구를 사용해보지만 잘되지 않는다. 왜 그럴까? 깨달아져야 한다. 깨달아져야 강력한 의지가 발동한다.

어떤 이가 실제로 그렇게 해서 담배를 끊었다고 한다. 길을 가다가 문득 "하나님 앞에서 그리스도의 향기"(고후 2:15)라는 말씀이 생각났다고 한다. '그리스도의 향기'라는 말이 그의 머릿속을 가득 채웠던 것이다. 그러다가 문득 '사람이 그리스도의 향기를 내야 하는데 담배 냄새가 나는 삶을 살아서 되겠나' 하는 생각이 들었다고 한다. 하나님 앞에서 살아가는 자신의 모습을 가만히 생각하다가 그리스도의 향기를 내는 삶은 안 되더라도 세상 냄새, 담배 냄새는 풍기지 말아야겠다는 깨달음이 찾아온 것이다. 그 깨달음을 갖고 하나님께 잠깐 기도를 드렸다고 한다. "하나님, 제 삶이 예수 향기 나는 삶이 되게 해주세요." 그런데 신기하게도 그 이후부터 담배 생각이 나지 않았다고 한다. 억지로 끊으려고 노력할 필요도 없이 그날 이후로 그냥 끊어졌다는 것이다. 나는 그의 이야기를 들으면서 그의 심령에 말씀을 조명해주시고 깨달음을 주셔서 이기게 하시는 성령님을 느낄 수 있었다.

이처럼 깨달음은 무척 중요하다. 이 중요한 깨달음을 누가 얻을 수 있는가? 묵상하는 사람이다. 나는 언젠가 출애굽기를 묵상하다가 '만나'에 대해 깨달음을 얻었다. 하나님은 이스라엘 백성들이 광야에서 지낼 수 있도록 하늘에서 만나를 내려주셨다. 아침에 만나가 내리면, 사람들은 일어나서 자기 가족의 분량대로 일용할 양식을 담아갔다. 지금까지 출애굽기를 읽으면서 만나에 대한 나의 지식은 '아하, 하나님이 날마다 일용할 양식을 주시는구나. 그날 주신 것으로 그날 족하게 먹고, 다음날은 또 새로운 것을 주시니까 매일 새로운 것을 받는 삶을 살자'는 것이었다. 그런데 묵상하는 중에 '만나'가 머릿속을 떠나지 않았다.

'왜 지금 나에게 만나가 자꾸 생각나는 걸까' 하는 의문을 갖고 조심스럽게 만나에 대해 생각하기 시작했다. 나는 성령님의 지혜를 구했다. '만약에 내가 만나를 더 먹고 싶으면 어떻게 될까? 사람이 살다보면 적게 먹고 싶은 날도 있고, 많이 먹고 싶은 날도 있지 않는가. 그렇다면 내가 오늘 많이 먹고 싶어서 정량보다 더 많이 가져왔다면 어떻게 되는 걸까? 정량보다 넘치는 것은 썩어서 먹지 못하게 되는 걸까? 내가 오늘 먹고 싶은 만큼 실컷 먹어도 문제가 없지 않을까? 왜냐하면 내일까지 남겨둔 것은 아니니까. 하나님이 만나를 겨우 끼니를 해결할 수 있을 정도의 적은 양으로 주신 것이 아닌데… 매일 아침마다 내가 원하는 만큼의 양식을 가져온 것이잖아.'

이렇게 머릿속에서 만나에 관한 묵상이 시작되었다. 그러다가 성령께서 주시는 깨달음을 얻었다. 길게 줄을 늘어서서 하루에 필요한 양식을 배급받는 사람들의 모습을 몇 번 본 적이 있다. 그러한 광경이 이스라엘 백성이 날마다 만나를 얻는 모습과 오버랩되었다. 이스라엘 백성에게 하나님께서 매일 아침 내려 주셨던 만나의 양은 먹고 싶은 만큼 실컷 먹을 수 있는 양이다. 그러므로 만나는 하나님이 주시는 일용할 양식인 것이다. 그 일용할 양식의 양은 풍족히 먹고도 남을 만한 양이다. 이 사실은 하나님이 우리에게 언제나 일용할 양식을 주시는 분이라는 사실을 새로운 관점에서 깨닫게 해주었다. 그런데 이 사실을 깨닫지 못하고 혹시 내일 하나님이 주시지 않으면 어떻게 할까 걱정하며 오늘의 만나를 아껴둔다면, 그것처럼 어리석은 일이 없는 것이다.

만나를 묵상하면서 만난 하나님은 풍성히 주시는 분이셨다. 그 하나님은 내가 받고 싶은 것보다 더 많이 준비하고 계시는 분임을 깨달았다. 이 사실을 깨닫게 되자 지난날 기도응답과 관련해서 하나님께 섭섭했던 마음이 사라졌다. 더 먹고 싶어도 정량이라는 생각에 더 구하지 못하는 삶을 살면서 많이 먹는 사람들을 부러워하고 있었던 나의 모습이 얼마나 어리석었는지 깨달았다. 만나에 대한 깨달음은 나의 기도를 바꿔놓았다. "하나님, 저 오늘 많이 먹고 싶어요. 더 주세요. 더 가져가도 되죠?"

바른 묵상은 하나님의 말씀을 마음에 간직하고 그 말씀을 생각하는 과정이다. 마음에 간직한 말씀이 자신의 삶과 고민과 기대 등과 어우러져 비벼질 때 우리는 '오늘 나에게 주시는 말씀'을 깨닫게 된다. 그러므로 바른 묵상은 또한 깨달음을 얻는 과정이다. 삶의 변화는 언제나 깨달음을 통해 일어난다. 깨달음이 클수록 삶의 변화도 크다. 바른 묵상은 말씀을 자신의 삶에 적용하고 실천하게 만든다. 자, 그럼 조금 더 구체적으로 묵상하는 방법에 대해 살펴보자.

껍질을 벗기듯 읽어라

동서고금을 막론하고 누구나 독서를 통해 하늘과 세상의 지혜를 얻고 싶어 한다. 그리고 그 지혜를 통해 인격과 삶의 변화를 경험하고 싶어 한다. 조선시대 실학자요, 경학을 통해 인간 됨됨이를 수양하고 경세학으로 세상과 나라를 경영하려 했던 인물이 있는데, 그가 바로 다산 정약용이다. 정약용은 부지런히 경전을 읽고 그 속에 담긴 뜻을 헤아려 삶에 실천할 수 있는 방법을 소개했다. 그런데 이 방법은 오늘날 우리가 묵상하는 방법과 상당히 닮아 있어 살펴볼 만하다. 경전을 통해 깊은 깨달음에 이르기 위해서는 세 가지 과정을 거쳐야 한다고 한다. 그 과정은 총피(蔥皮), 정존(靜存), 동찰(動察)이다. 그런데 이 세 과정은 전혀 새로운 학습법이 아니다. 우리 몸에 익숙하게 배어 있을 뿐만 아니라 이미 실천하고 있는 묵상법이다.

총피(蔥皮)는 파의 껍질을 벗겨낸다는 뜻이다. 책을 읽을 때 파 껍질을 벗겨내듯 읽어야 한다는 말이다. 파를 캐어 물로 씻고 뿌리를 자른 다음 겉을 에워싼 껍질을 벗겨내면 뽀얀 속살이 드러난다. 이처럼 책을 읽을 때 껍질을 벗겨내듯 읽어야 그 속에 있는 깊은 뜻을 알 수 있다. 이를 위해 소리 내어 여러 번 이해될 때까지 읽어야 한다는 것이다.

정존(靜存)은 조용히 따지고 살펴 그 깨달음을 마음에 간직하는 것을 말한다. 즉 본격적인 묵상의 과정을 말한다. 베뢰아 사람들이 간절한 마음으로 말씀을 받아 조용히 따지고 살피는 묵상(행 17:11)을 한 것과 같다. 즉, 말씀에 비추어 조용히 자신의 삶을 돌아볼 때 오늘 나에게 주시는 하나님의 말씀이 어떤 의미인지 깨닫는다. 이렇게 묵상을 통해 깨닫게 되면 그것을 생활에 적용할 수 있어야 한다.

동찰(動察)은 자신의 삶과 행동을 살피는 과정이다. 깨달은 하나님의 말씀을 스스로 실험하고 실천하여 자신만의 가치관과 삶의 행동을 만드는 것이다. 성숙하고 온전한 신자가 된다는 것은 이러한 동찰이 풍성해지는 것을 의미한다. 자기의 생각과 행동을 살펴 하나님의 생각과 하나님이 기뻐하시는 거룩한 삶을 살아가기 위해 노력하는 것이다.

아무리 성경을 많이 읽고 묵상을 했다고 할지라도 그의 삶에 성령께서 주시는 깨달음과 자신을 진지하게 돌아보는 성찰이 없다면 야고보서 말씀대로 헛것이 되고 만다. 그러므로 하나님의 깊은 뜻을 발견하기 위해 껍질을 벗겨내듯 반복해서 읽어 말씀을 간직해야 한다. 그리고 간직한 말씀을 가지고 조용히 자신과 자신의 삶을 돌아보아 깨달음을 얻어야 한다. 또한 그 깨달음을 가지고 자신의 삶에 실천하기 위해 힘쓰는 삶을 살아야 한다. 이것이 오늘날 우리가 익혀야 할 묵상법이다.

묵상은 말씀을 먹어 소화하는 것이다

내가 천사에게 나아가 작은 두루마리를 달라 한즉 천사가 이르되 갖다 먹어 버리라 네 배에는 쓰나 네 입에는 꿀같이 달리라 하거늘 내가 천사의 손에서 작은 두루마리를 갖다 먹어 버리니 내 입에는 꿀같이 다나 먹은 후에 내 배에서는 쓰게 되더라(계 10:9-10)

『이 책을 먹으라』의 저자 유진 피터슨은 이 말씀에서 굉장한 영감을 얻었다고 한다. 그는 책을 그냥 읽는 것이 아니라 먹어야 한다는 사실을 깨달은 것이다. 책을 먹어 소화시킨다는 것은 자신의 신경 말단에, 자신의 반사 작용에, 자신의 상상력 안에 집어넣는 것을 말한다. 우리는 흔히 하나님의 말씀인 성경을 영혼의 양식이라고 한다.

우리가 음식을 먹을 때의 모습을 한번 상상해 보라. 무엇을 한입 베어 물든, 밥그릇에 수북이 쌓인 밥을 한 숟가락 떠서 먹을 때, 입속에 들어간 음식은 잘게 씹혀 몸속으로 들어간다. 그렇게 뱃속에 들어간 음식은 한동안 위(胃)에 머물러 있다가 온몸으로 소화 흡수되는 것이다. 영혼의 양식인 말씀을 먹는 과정도 이와 흡사하다. 주어진 본문을 반복해서 소리 내어 읽는다. 오늘 나에게 보여주시는 말씀을 표시한 다음 그것을 강조하여 읽는다. 그 뜻과 의미를 생각하며 다시 읽는다. 이렇게 말씀을 반복해서 읽는 과정을 통해 음식이 뱃속에 머무는 것처럼, 말씀이 머리와 마음속에 머무는 것이다. 묵상이 시작되는 때가 바로 이 순간이다.

'내 입에는 꿀같이 다나 먹은 후에 내 배에서는 쓰게 되더라'는 말씀은 참된 묵상이 무엇인지를 말해 준다. 하나님의 말씀을 먹을 때 '달고 오묘한 그 말씀'이라는 노래가 절로 나온다. 반복해서 성경을 읽어가다 보면 실제로 말씀이 달다. '아, 이런 말씀도 있었네', '그래, 그렇게 하면 되겠구나', '오, 그렇지!' 하며 스스로 감탄하기도 하고, 기쁨과 감사가 가득 차기도 하고, 절로 찬송이 나오기도 한다. 성경을 읽는 사람에게 특별히 주시는 은혜다.

그렇게 감동받으며 읽은 말씀을 자신의 영혼에 가만히 머물게 하는 시간, 즉 묵상을 시작하면 상황은 조금 달라진다. 그 말씀을 자신의 것으로 소화시키려니까 어려워진다. 달았던 말씀이 쓰게 느껴진다. '사랑하라'는 말씀, 그냥 들으면 참 좋은 말씀이다. '아, 그렇지. 사랑만한 게 없어. 맞아, 사랑이야. 그래 사랑하며 살아야 돼' 했는데, 정작 길을 가다가 웬수(?) 같은 누구를 만나면 '원수를 사랑하라'는 말씀에 감동받았던 마음은 온데간데없고, 빨라진 맥박소리와 함께 울그락불그락 하는 얼굴을 애써 감추기 위해 온통 신경을 쓰고 있다는 사실을 발견한다. '사랑하라'는 말씀이 아직 소화되지 않아 자신의 것이 되지 않은 것이다. 그때 깨닫는다. 말씀으로 사는 것이 쉽지 않음을. 성경대로 사는 것이 어렵기에 말씀이 쓰다고 생각하는 것이다.

우리는 때로 소화되지 않은 말씀을 실천하려고 할 때가 있다. 오늘 형제를 사랑하라는 말씀을 읽고 실천 가능한 것들을 찾아본다. '그래, 오늘 사랑이 나왔으니까 사랑에 대해 실천할 만한 것이 무엇일까? 구체적으로 하라고 했지! 앞집 현관에 붙어 있는 전단지를 떼어줄까? 오늘 누구에게 커피 한 잔 뽑아줄까?' 실제적이고 구체적인 적용이다.

그런데 문제가 있다. 만약 이러한 적용을 딱 하루 실천한 것으로 만족한다면 정말 그 심령에 소화된 말씀이라고 할 수 있을까? 정말 소화가 되었다는 것은 내게 사랑이 부족하지 않은지, 내가 어떤 사랑을 해야 하는지 말씀에 비추어 고민하는 것이다. 그렇게 하다 보면 자신의 말과 행동이 보이고 심지어는 그 숨은 동기까지 보인다. 사랑에 대해 깊이 묵상하다 보면 속이 쓰려온다. '저런 사람도 사랑해야 한단 말인가요?', '그럼에도 불구하고 사랑해야 한단 말인가요?', '사랑, 그거 알지만 그렇게까지 하는 것이 정말 사랑인가요?'라는 솔직한 물음들이 찾아온다. 그럼에도 불구하고 사랑해야 함을 묵상 중에 성령께서 깨닫게 하신다. 이것이 바로 우리의 삶을 변화시키는 묵상의 힘이다. 달고 오묘한 말씀이 우리 몸에 소화되려니 쓰디쓴 말씀이 될 수밖에 없다. 그러나 걱정할 필요가 없는 것은, 묵상 중에 깨달음을 주시는 성령께서 말씀이 삶에 잘 소화되도록 우리를 도우실 것이기 때문이다.

묵상은 중얼중얼하는 것이다

내가 주의 법을 어찌 그리 사랑하는지요 내가 그것을 종일 작은 소리로 읊조리나이다(시 119:97)

유진 피터슨은 메시지 성경에서 '묵상하다'라는 뜻의 히브리어 '하가'(*hagah*)가 '으르렁거리다' 혹은 '씹다'라는 뜻으로 번역될 수 있다고 했다. 시편 기자가 우리에게 바라는 묵상은 우리가 일반적으로 생각하는 명상이 아니라, 개가 뼈다귀를 잘근잘근 씹는 것 같은, 그리고 사자가 먹이를 덮쳐서 물어뜯는 것과 같은 묵상을 의미한다. 언젠가 묵상에 대해 설명하면서 어릴 적 씹던 껌을 잠깐 뱉어두었다가 다시 씹었던 경험을 말해주었더니, 오히려 묵상의 개념이 잘 이해되었다는 말을 들은 적 있다. 묵상은 큐티시간에 잠깐 생각하는 사색이 아니다.

큐티시간에 우리가 해야 하는 가장 중요한 것은, 오늘 주시는 성경말씀 중에 밑줄 그은 단어나 구절을 붙들고 기도한 다음, 그 말씀이 하루 종일 자신에게 머물도록 하는 것이다. 어떤 때는 큐티를 시작하자마자 깨달음과 음성을 주시기도 하고, 어떤 때는 큐티시간에 도무지 깨달음이 오지 않아 답답한 채로 하루를 시작하기도 한다. 그렇게 이해되지 못한 채 간직하고 있던 말씀이 누군가를 만나고 이야기를 나누던 중에 문득 깨달아지기도 한다.

이러한 과정을 흔히 반추(反芻)라고 한다. 소가 풀을 뜯을 때 보면 소는 사람처럼 손을 쓸 수 없어서 사포와 같이 거친 혓바닥을 사용한다. 소는 이렇게 입 속에 넣은 풀을 잘근잘근 씹어 삼킨다. 그러나 그것을 즉시 소화시키지 못한다. 그래서 삼켰던 것을 다시 올려서 씹는 과정을 되풀이하는데, 이것을 반추라고 한다. 반추를 사전에서 찾아보면 '되새김질', '어떤 일을 되풀이하여 생각하는 묵상'이라고 설명한다. 성경에서는 이러한 묵상에 대해 '상고'라는 단어를 사용한다. 베뢰아 사람들이 바울의 가르침을 받고 성경을 상고(examine)했다고 한다(행 17:11).

시편에서는 묵상을 '읊조리다'는 단어로 여러 곳에서 표현하고 있다(시 63:6; 119:15, 23, 48, 78, 97, 99, 148; 143:5; 145:5). '읊조리다'라는 표현은 '으르렁거리다'라는 말로 대신할 수 있다. 짐승들이 '크르릉크르릉'거리는 모습을 말한다. 이것을 우리가 흔히 사용하는 표현으로 바꾸면 '중얼거리다'가 된다. 혼자서 중얼거리며 하나님의 말씀을 생각하는 것이다. '오늘 큐티에서 밑줄 그은 말씀이 뭐였더라? 아, 상고하는 그 말씀이었지. 그런데 왜 베뢰아 사람들은 상고했을까? 상고는 어떻게 하는 것을 말하는 걸까? 오늘 상고하라는 말씀을 보여주신 이유가 뭘까? 상고하라. 상고…. 상고라.'

한자리에 앉아서 깨달아질 때까지 오래 생각하면 좋겠지만, 바쁜 현대인들은 그렇게 하기 어렵다. 그렇기 때문에 반추하는 과정이 필요하다. 하루 중 수시로 큐티했던 말씀을 떠올려보는 것이다. 차를 마시다가, 식사를 하다가, 대화를 하다가, 일을 하다가 문득 떠올려보고는 다시 삼킨다. 그렇게 떠올려서 중얼거리다 보면 갑자기 깨달음이 올 때도 있다. '아, 내가 여태까지 성경을 제대로 상고한 적이 없구나. 베뢰아 사람들은 너그러웠다는데…. 그래서 쉽게 말씀을 받아들였나? 쉽게 받아들였다고 말씀을 쉽게 생각하지는 않았구나. 이제는 좀 진지하게 설교말씀을 들어야겠네. 노트에 필기를 해서 수시로 떠올려보고 상고하는 습관을 가져볼까?'

깨달음이 오는 순간 자동적으로 그것을 자신의 삶에 어떻게 실천하고 적용할 수 있을지 고민해야 한다. 그러면 어느새 말씀은 자신의 삶에 소화되어 몸의 각 곳으로 스며들어 체화되어 있을 것이다.

묵상은 이해와 깨달음이 순환하는 과정이다

묵상은 이해와 깨달음이 뒤죽박죽되어 순환하는 과정이다. 먼저 주어진 말씀의 이치를 따져보아 이해하게 된다. 이해가 되면 깨달아진다. 어떤 때는 깨달아지니까 이해가 되기도 한다. 두 과정 중 어느 것이 먼저라고 명확하게 선을 그을 수 없다. 어떤 때는 도무지 이해가 안 되는 본문이 어느 순간 깨달아져서 이해가 되고, 어떤 본문은 이해가 되어서 깨달음이 오기도 한다. 그런데 묵상할 때 조심해야 할 것이 있다. 이해 없는 깨달음과 깨달음 없는 이해에 빠지지 않도록 해야 한다. 이해와 깨달음의 상호보완적인 관계가 깨어지지 않도록 해야 한다. 묵상을 단순히 깨달음으로만 생각하면 마치 계시를 받듯 엉뚱한 길로 나갈 수 있다. 그리고 묵상을 단순히 이해하는 것으로 생각하면 말씀을 소화시켜 실천하는 데 어려움을 겪게 된다.

말씀이 머리로 이해되어야 본문의 단어나 구절이 가슴으로 옮겨간다. 아무리 쉬운 말씀도 이해가 되지 않으면 결코 머리에 담기지 않는다. 머리에 담기지 않았으니 당연히 가슴으로 옮겨지는 깨달음도 없다. 이해한 것을 깨닫는 과정, 즉 머리에서 가슴으로 내려오는 데는 시간이 필요하다. 어떤 때는 이 과정이 말씀을 이해함과 동시에 순식간에 일어나기도 한다. 그렇지만 반대로 답답할 정도로 오랜 시간이 걸리기도 한다. 이해에서 깨달음으로 옮겨가는 과정 속에 믿음이 작용한다. 그리고 성령께서 그 모든 과정을 주장해주실 때에야 비로소 묵상을 통한 진정한 깨달음을 얻을 수 있다.

그래서 나는 머릿속에서 일어나는 이해와 가슴에서 일어나는 깨달음이 순환되는 과정을 '푹 익는 시간'이라고 표현한다. 무엇이든지 익어야 맛이 나지 않는가! 각종 열매가 먹음직한 것에서 맛있는 것으로 바뀌려면 제대로 익어야 하는 것처럼, 가만히 살펴보면 세상의 모든 것이 익어야 제 맛을 내고 제 역할을 한다. 밥도 뜸을 들여야 하고 김치도 익어야 맛있다. 각종 나물들도 다듬고 데쳐야 먹을 수 있고 심지어는 간을 맞추기 위해 쓰는 간장, 고추장, 된장도 익어야 맛이 난다.

익는다는 것은 시간이 필요한 일이다. 배추의 거칠고 뻣뻣한 잎사귀의 숨이 죽고, 버무려진 양념이 잎사귀 속으로 스며드는 시간이 필요하다. 묵상이란 때로 질긴 생채소가 데쳐지고, 담백한 양념에 이리저리 무쳐져 나물이 되는 과정이다. 말씀 앞에 자신의 온몸과 영혼을 내어맡겨 스스로 말씀으로 무쳐지는 과정, 우리의 지성과 가슴과 상상이 하나로 모여 비벼지는 과정이 바로 묵상이다.

그래서 묵상시간은 자신이 죽는 시간이다. 스스로 할 수 있는 것이 없음을 깨닫는 시간이다. 그리고 조용히 하나님만 의지해야 하는 시간이다. 나도 가끔 묵상을 하다 보면 도무지 풀리지 않는 말씀을 만날 때가 있다. 수십 번을 읽어보고, 다른 번역을 참고하고, 사전을 찾아보고, 원어해설을 보고, 심지어는 다른 분의 설교나 설명을 찾아보아도 풀리지 않는다. 그럴 때는 무작정 기다려야 한다. 기도하며 그 말씀을 계속 중얼거리며 기다릴 수밖에 없다. 조급한 마음을 달래며 기다리다 보면 어느 순간 깨달음이 온다. 말씀을 이해하고 깨닫기 위해 기다리는 것이 때로 허무하게 느껴질 때도 있다. 그 시간에 무엇을 실천하는 것이 더 좋을 것 같아 보이기도 한다. 뭔가 해야 할 것 같은 생각이 자신을 가만히 있지 못하게 만든다. 그런데 하나님의 말씀은 자꾸만 우리를 묵상의 자리에 머물게 한다. 말씀 가운데 머물러 있다 보면 말씀이 내 안에 있는 것이 아니라 말씀 안에 내가 있음을 깨닫는다. 내가 말씀을 가지고 무엇을 하고 있는 것이 아니라 말씀이 나를 만지고, 다듬고, 고치고, 새롭게 하고 있음을 깨닫는다. 이것이 진짜 묵상이다.

묵상은 나를 변화시킨다

수고하고 무거운 짐 진 자들아 다 내게로 오라 내가 너희를 쉬게 하리라 나는 마음이 온유하고 겸손하니 나의 멍에를 메고 내게 배우라 그리하면 너희 마음이 쉼을 얻으리니 이는 내 멍에는 쉽고 내 짐은 가벼움이라 하시니라(마 11:28-30)

나는 기계공학을 전공하여 자동차 기술자가 되고 싶었다. 그 꿈이 사람과 영혼을 살리는 행복 수리공으로 바뀐 것은 묵상 가운데 주신 깨달음 때문이다. 어떻게 하면 주님이 기뻐하시는 인생을 살아갈 수 있을지 고민하며 기도할 때 주님은 나에게 목회에 대한 소명을 주셨다. 당시 목회를 한다는 것은 부모님의 엄청난 반대를 극복해야 하는 힘든 일이기도 했다. 그 시절 목회자는 대부분 가난했고, 그저 사명감 하나로 살아가는 사람으로 인식되어 있었기 때문이다. 주님과 복음을 위하여 "집이나 형제나 어미나 아비나 자식을 버리라"는 말씀을 묵상하면서 너무 가혹한 말씀처럼 여겨졌다. '과연 나는 부모님을 버릴 수 있을까?' 하는 생각으로 가득했다. 어린 마음에 목회의 길을 간다는 것은 부모님을 버리는 삶이라는 생각이 들었기 때문이다.

그러한 고민 속에 결단하고 목회의 길에 들어선 지 오랜 시간이 지났다. 많은 시간이 지났음에도 불구하고 나는 늘 마음 한구석에 부모님에 대한 부담을 안고 살아간다. 그렇지만 부모님에 대한 부담 때문에 주님께서 명령하시는 길을 가지 못하는 실수를 범하지는 않는다. 지금까지 그렇게 살아왔고 앞으로도 그럴 것이다. 이는 마태복음 11장 28-30절의 말씀을 묵상하는 중에 주신 깨달음 때문이다.

나는 늘 마음속에 부모님에 대한 부담과 예수님을 위한 사명의 짐을 함께 짊어지고 있다고 생각했다. 그래서 혼자 '내 인생이 왜 이리도 고달플까' 하고 한숨을 내쉴 때도 있었다. "나의 멍에를 메고 내게 배우라"는 말씀 때문이다. 나는 이 말씀을 마치 내가 지금 짊어지고 있는 인생의 짐 위에다 예수님의 멍에를 더하라는 말씀으로 이해하고 있었다. 그래서 예수 믿는 것이 참 힘들다고 생각했다. 그런데 주님의 멍에를 메고 주님께 배우면 마음에 쉼을 얻는다고 한다. 이 말씀이 도저히 이해되지 않았다. '주님의 멍에는 쉽고 짐은 가볍다고 하시는데, 주님의 짐이 가볍건 말건 지금 내 짐이 무거운데 어쩌란 말인가!'

그렇게 혼자 묵상을 하다가 첫 번째 깨달음이 왔다. 문득 군대 시절 행군하던 모습이 떠올랐다. 신병교육대에서 훈련을 받을 때 신병들은 보통 20-30킬로그램 되는 배낭을 메고 수십 킬로미터를 걸어가는 행군 훈련을 한다. 당시 조교로 있었던 나는 신병들이 행군 중에 잠깐 휴식을 취할 때 배낭을 내려놓지 못하도록 했다. 왜냐하면 경험상 신병들이 배낭을 풀고 쉬면 다시 배낭을 메는 것이 너무 힘들어 낙오하는 경우가 많았기 때문이다. 그래서 배낭을 메고 그냥 뒤로 드러눕게 했다. 마치 거북이를 뒤집어 놓은 것처럼 말이다. 그때를 생각하다가 '아하, 그렇구나. 내 인생에서 이 짐은 벗어버릴 수 있는 짐이 아니구나. 그렇지만 이 무거운 짐을 지고 교회에 가면 주님께서 내게 다시 그 짐을 지고 인생길을 걸어가도록 새 힘을 주시는구나' 하는 깨달음이 찾아왔다. 그렇지만 다시 마음속에서는 '그래도 이 짐은 너무 무거운데 앞으로 계속 짊어져야 하는가'라는 의문이 사라지지 않고 있었다.

그때 성령께서 두 번째 깨달음을 주셨다. "내 멍에는 쉽고 내 짐은 가볍다." 이 말씀이 무슨 뜻일까 가만히 묵상하는데 머릿속에 그림이 그려졌다. 무거운 짐을 하나 짊어지고 있는 나의 모습이 보였다. 주님께서 나에게 짐을 하나 더 올려주시는 모습이 보였다. 그런데 그 순간 나의 짐과 예수님의 짐이 하나가 되어 버린 것이 아닌가! 나의 짐이 주님의 짐이 되어버린 것이다. 비로소 내가 예수를 믿는 이유를 알게 되었다. 예수 믿으면 우리 짐이 사라지는 것이 아니다. 주님이 그 짐을 가볍게 해주시는 것이다. 예수 믿으면 질병이 사라지는 것이 아니라 그 질병을 짊어지고서도 쉽고 가볍게 살아가게 해주시는 것이다. 쭐

딱 망해서 돈 한 푼 없이 무거운 빚더미를 짊어지고도 가볍게 살아가게 해주셔서, 결국 그 빚을 청산하게 해주시는 것이다.

이렇게 깨달음을 얻자 생각이 달라졌다. 오히려 부모님을 더 사랑하게 되었다. 그리고 더욱 주님도 사랑하며 살아가게 되었다. 내가 짊어져야 할 짐은 변한 게 없다. 그러나 주님은 나의 짐을 쉽고 가벼운 짐으로 변화시켜 주셨다.

얼마 전 큐티학교에서 이 본문으로 실습하는 시간을 가졌다. 한 분이 나와서 깨달은 것을 발표하는 것을 듣는 중에 또 깨달음을 주셨다. 주님께 배워야 할 것이 사랑의 마음이라는 그분의 말에 깨달음을 얻었다. 그렇지 않은가! 사랑하면 무거운 짐도 가벼워지고, 사랑이 없으면 가벼운 짐도 무겁게 느껴진다. 주님께 사랑을 배워야 한다. 우리를 사랑하사 자기 몸을 버리기까지 십자가의 무거운 짐을 지고 가셨던 주님, 그분은 진정으로 사랑이셨다.

이처럼 말씀을 이해하여 깨달음을 얻고, 그 깨달음으로 자신의 삶을 이해하고, 주님의 은혜를 깨닫고 주님의 깊은 뜻을 이해하는 것이 묵상이다. 묵상은 성경을 읽고 짧게 기도하는 시간이 아니라, 주님의 말씀을 간직하기 위해 주님의 말씀 안에 머물며 자신을 죽이고 말씀이 살아나게 하는 시간이다. 그래서 제대로 된 묵상 끝에는 주님을 만나는 희열이 있다. 그 희열은 우리를 더욱 깊은 묵상의 자리로 이끌어 온전한 영적 성숙을 향해 나아가게 한다.

자, 묵상을 시작해보자

첫째, 영안을 열어주시길 기도하라. 묵상할 때는 반드시 '하나님, 깨닫게 해주세요. 하나님, 내 육신의 눈으로만 보지 않고 영안이 열려서 오늘 말씀의 깊은 진리를 깨닫게 해주세요'라며 간절히 기도한다.

둘째, 말씀에 초점을 맞추라. 오늘 본문을 집중하는 데 방해되는 것들은 모두 제거하라. 이전에 깨달았던 것, 자신의 생각과 고민, 누군가에게 들었던 말 등을 지우라. 어릴 적 돋보기로 초점을 정확하게 맞추어 종이를 태웠던 것처럼 오직 지금 주시는 말씀에만 초점을 맞추라.

셋째, 머릿속을 말씀으로 채우라. 오늘 본문 말씀을 모두 채울 수는 없다. 그러나 표시하며 강조하여 읽은 단어나 구절을 반복해서 생각하고 중얼거리는 과정을 통해 '오늘 내게 주시는' 말씀을 채울 수 있다.

이제 당신 스스로 묵상해 볼 시간이다. 먼저 성경을 소리 내어 읽고, 표시하며 읽고, 강조하며 읽고, 생각하며 읽어보라. 당신이 강조하여 읽은 말씀을 가지고 의미를 살피고 뜻을 이해하는 과정에 찾아오는 깨달음을 묵상해보라. 이해와 깨달음이 순환하는 묵상을 경험해보라.

5장

오늘 하루를 읽어보자

그래도 큐티가 어렵다구요?

큐티학교 5주차쯤 되면 이제 큐티에 대해 익숙해질 때도 되었는데 학생들은 오히려 처음보다 더 어려워졌다고 한다. 아무리 쉬운 본문으로 큐티를 해도 어렵게 느껴진단다. 왜 큐티가 어려울까? 어쩌면 진짜 큐티를 시작했기 때문인지도 모른다. 본문을 읽고 짧게 기도함으로 끝내던 큐티가 하나님의 음성을 발견하고 듣기 위한 큐티로 바뀌었기 때문이다. 우리는 태어날 때부터 영적으로 죽은 존재였다. 그런 우리가 하나님의 말씀을 생각하고 하나님의 말씀을 따라 살아가게 된 것은 영적으로 거듭났기 때문이다. 어린아이가 장성한 성인으로 자라기 위해 세월이 흘러야 하듯, 거듭난 그리스도인도 영적으로 성장하기 위한 시간이 필요하다. 그중에서 영적 안목, 즉 묵상을 통해 하나님의 음성을 발견하고 듣는 일은 더욱 그렇다.

훈련의 기본은 언제나 '단순, 지속, 반복'에 있다. 큐티를 잘할 수 있는 방법도 마찬가지다. 단순하게 지속적으로 매일 큐티하는 방법 외에는 큐티를 잘할 수 있는 다른 방법은 없다. 큐티가 자신의 삶에 습관이 되게 해야 한다. 습관이 붙어 정한 시간이 되면 자동으로 성경을 찾고, 소리 내어 반복해서 읽고 기도할 수 있어야 한다. 그런데 규칙적인 습관을 기르다 보면 자칫 건조하고 형식적인 큐티에 빠질 수도 있다. 그러나 그것 또한 과정이다. 무엇을 배우려고 할 때, 처음에는 재미있지만 조금 깊어지면 어렵고 힘들어서 결국 더 나아가지 못하고 포기하는 경우를 자주 경험하게 된다. 큐티도 마찬가지다. 그 고비를 잘 넘겨야 지속적으로 큐티할 수 있다. 지금이 바로 그 고비가 찾아오는 때다. 이 고비를 넘어서기 위해서는 다른 방법이 없다. 단순하게 지속적으로 반복해서 큐티하는 것이다. 그러면 어느새 광야에 물을, 사막에 강들을 내어 자기 백성을 풍성하게 마시게 하실 하나님을 만나게 될 것이다(사 43:20).

적용이 자꾸 쌓여가요

큐티학교 학생 중에 이런 질문을 하는 분이 간혹 있다. "제대로 적용하지도 못하는데 계속 묵상을 해야 하나요?"

실제로 큐티를 하다 보면 누구나 갖는 생각이다. 왜냐하면 매일 무엇인가를 적용하라고 배웠기 때문이다. 그것도 구체적이고 실천 가능한 것으로. 과거에 나도 그렇게 가르쳤고, 지금도 많은 분들이 그렇게 가르치고 있다. 틀린 말은 아니지만 문제가 있는 것은 사실이다. 큐티 시간이 마치 하나님으로부터 어떤 작업 주문서를 받는 시간인 것처럼 여겨지기 때문이다. 매일 아침마다 하나님께 가서 오늘의 실천사항을 받아서 열심히 실천하는 것이 큐티라고 생각하는 사람들이 많다. 큐티시간은 해야 할 목록을 받는 시간이 아니다. 오늘 내가 해야 할 일을 찾는 시간도 아니다. 큐티를 통해 하나님이 제일 원하시는 것은 하나님과 만나 교제하는 것이다. 하나님과 만나 교제하다 보면 자연히 깨달음이 오고, 그 깨달음이 자신을 행동하게 만든다. 이때 참된 적용이 일어나는 것이다.

직장 상사에게 업무보고를 하는 자리라면 지시사항을 잘 듣고 그대로 실행하면 된다. 그런데 만약 편안하게 앉아서 식사를 하는 자리라면 달라진다. 식사를 하면서 이런저런 이야기를 편하게 나누는 가운데 질문도 오고 간다. 그렇게 서로 대화를 하다 보면 '아, 내가 이렇게 하면 좋겠구나. 그때 이렇게 했어야 했는데. 그걸 원하셨구나.' 하는 생각을 하게 된다. 그리고 어떤 때는 돌아와서 바로 그것을 실천하기도 한다. 큐티가 그날 그날 뭘 해야 하는지에 대한 '할 일 목록'을 정하는 시간이라고 생각한다면 큐티는 부담스러워질 것이다. 오래지 않아 해야 할 일들이 쌓여가는 것에 스스로 눌리게 될 것이다. 조금 심하게 표현하면 이런 식의 큐티는 하면 할수록 자신이 성실하지 못하고 충성스럽지 못한 죄인처럼 느껴진다.

하나님을 사랑하는 것은 이것이니 우리가 그의 계명들을 지키는 것이라 그의 계명들은 무거운 것이 아니로다(요일 5:3)

큐티시간은 오늘의 해야 할 일을 하나님께 받는 시간이 아니다. 오히려 하나님과 만나는 시간이고 하나님의 말씀 가운데 거하는 시간이다. 그러면 어떻게 하면 그날의 말씀을 적용할 수 있을까? 지금까지 배운 것을 토대로 생각해보면, 우선 깨달음이 있어야 한다. 깨달음의 깊이와 적용은 비례한다. 깨달음이 없이 적용하려고 할 때 그것은 무거운 짐이 될 수밖에 없다. 미가 선지자는 깨달음이 없이 드리는 제사의 심각성에 대해 노래한다.

내가 무엇을 가지고 여호와 앞에 나아가며 높으신 하나님께 경배할까 내가 번제물로 일 년 된 송아지를 가지고 그 앞에 나아갈까 여호와께서 천천의 숫양이나 만만의 강물 같은 기름을 기뻐하실까 내 허물을 위하여 내 맏아들을, 내 영혼의 죄로 말미암아 내 몸의 열매를 드릴까 사람아 주께서 선한 것이 무엇임을 네게 보이셨나니 여호와께서 네게 구하시는 것은 오직 정의를 행하며 인자를 사랑하며

겸손하게 네 하나님과 함께 행하는 것이 아니냐(미 6:6-8)

하나님의 마음은 다른 곳에 있는데, 그것을 깨닫지 못한 채 드리는 제사와 각종 선한 일이 오히려 하나님의 마음을 아프게 할 수 있다는 것이다. 하나님이 더 원하시는 것은 하나님을 사랑하며 하나님과 함께 행하는 것임을 미가 선지자는 분명히 말한다. 그러므로 말씀을 적용할 때 깨달음이 중요하다. 제대로 깨닫지도 못했는데 적용해야 한다는 생각만 가지고 무언가를 행하려고 해서는 안 된다. 그러면 쌓여가는 적용들로 인해 힘들어지고, 결국 형식적인 큐티에 머물게 되기 때문이다.

최고의 장애물은 적용할 말씀이 없는 묵상이다

딸 시은이가 다섯 살 때였다. 오랜만에 여유가 생겨서 집에서 함께 놀고 있었다.

"아빠, 문구점 가요."

아직 유치원도 다니지 않는 아이가 무슨 문구점를 알겠는가! 자꾸만 문구점에 가자고 보채는 통에 결국 학교 앞 문구점에 가려고 길을 나섰다.

"너, 뭐 사려고 그래?"

그런데 시은이는 눈앞에 펼쳐진 광경에 어안이 벙벙해 있었다. 학교 앞 문구점에 가본 사람이라면 이해할 것이다. 바닥부

터 천장까지 빈틈없이 각종 물건들로 채워진 광경은 다섯 살짜
리가 주눅 들기에 충분했다. 시은이는 손가락을 입에 문 채, 왜
왔는지, 뭘 사야 하는지, 사고 싶은 것이 무엇인지조차 잊어버
린 것 같았다.

"뭘 사고 싶니?" "이거 어때?" "저거 사 줄까?"

아이는 그저 멍하니 서 있을 뿐이었다. 한참을 그러다 결국
시은이는 바닥에 놓여 있던 300원짜리 지우개를 하나 골랐다.
문구점에 좋은 것들이 얼마나 많은가! 또 아빠랑 왔으니 사고
싶은 거 마음껏 사줄 텐데 고작 300원짜리 지우개라니. 사실
아이는 사고 싶은 것이 있거나 무엇이 꼭 필요해서 문구점에
온 것이 아니다. 그저 문구점에 가고 싶었을 뿐이다. 막연히 그
곳에 가면 뭔가 좋은 것이 있을 것이라는 생각으로 가자고 보
챘던 것이다.

아이의 모습을 가만히 생각하다 문득 우리 모습과 별반 다를
것이 없다는 생각이 들었다. 막연한 기대감이 문제다. 내가 무
엇을 원하는지, 갖고 싶은 것이 무엇인지, 무엇을 찾고 있는지
제대로 알고 있어야 한다. 자기 필요에 대한 분명한 목록이 있
어야 한다. 마찬가지로 하나님의 말씀도 자신의 삶에 대한 바
른 이해가 없다면 아무리 열심히 읽어도 제대로 된 깨달음을
얻기 힘들다. 그저 성경적인 지식을 쌓는 데 만족할 수밖에 없
다. 성경을 읽고 내 삶과 하나님의 말씀이 어우러지는 묵상이
일어나야 한다.

우리가 지금까지 하나님의 음성을 들었던 때를 가만히 생각해보라. 막연히 성경을 읽을 때가 아니라 사슴이 시냇물을 찾기에 갈급한 것처럼 하나님의 음성을 듣기 위한 갈급함과 다급함이 있을 때였다. 중요한 결정이나 선택을 앞둔 사람은 간절히 하나님의 뜻을 구할 것이다. 그때 성경을 읽으면 모든 말씀이 나에게 주시는 말씀처럼 여겨진다. 이처럼 말씀과 삶은 언제나 밀접하게 연결되어 있다. 삶을 벗어난 말씀묵상은 자칫하면 뜬구름 잡는 식으로 전락할 수 있음을 잊지 말아야 한다.

참된 묵상은 언제나 삶에 대한 묵상으로 이어진다. 말씀과 삶의 균형 있는 묵상이 중요하다. 지금까지 말씀을 묵상하는 법을 배웠다면 이제 자신의 삶을 묵상하는 적용법을 배워야 한다. 하나님의 음성을 잘 듣기 위해서는 먼저 성경을 읽어야 한다. 다음으로 세상을 읽어야 한다. 무엇보다도 세상 속에서 보낼 오늘 하루를 읽는 것이 중요하다. 그런데 묵상을 할 때 반드시 이 순서를 지켜야 한다. 세상과 삶을 먼저 묵상하고 말씀을 묵상하면 자기중심적, 아전인수(我田引水)격 묵상으로 이어질 수밖에 없다. 자신이 지금 겪고 있는 상황에 너무 매몰되어 있으면 성경말씀이 모두 그 상황에 맞춰서 해석하고 묵상하게 된다. 그러다 보면 성경 본래의 의미에서 벗어나 오늘 자신에게 필요한 것에 말씀을 끼워 맞추는 묵상으로 전락하고 만다.

머릿속에 당면한 문제와 그와 관계된 것으로 가득차 있다면, 가장 먼저 해야 할 일은 머릿속을 비우고 말씀으로 채우는 것이다. 겸손한 마음으로 성경을 반복해서 읽으면 머릿속에 복잡하게 얽혀 있는 것들이 한쪽으로 밀려나고 그 자리에 말씀이 채워지게 한다. 그렇게 말씀이 채워지기 시작하면 하나님의 살아 있는 말씀이 마음과 생각 속에서 역사하기 시작한다. 그리고 얽혀 있던 실타래를 한 번에 풀 수 있는 깨달음을 주신다. 말씀 한 구절로 인해 나의 모든 문제를 해결할 수 있는 길이 생기는 것이다. 당면한 상황만이 아니라 문제의 원인과 본질까지 관통하는 말씀을 경험한다. 하나님은 우리 마음의 생각을 아시고 감찰하시는 분이다(대상 28:9). 하나님은 우리의 마음속 깊은 것까지 꿰뚫어 보신다. 그래서 그분의 말씀은 정곡을 찌른다.

하나님의 말씀은 살아 있고 활력이 있어 죄우에 날선 어떤 검보다도 예리하여 혼과 영과 및 관절과 골수를 찔러 쪼개기까지 하며 또 마음의 생각과 뜻을 판단하나니(히 4:12)

흔히 하나님의 말씀을 칼로 비유한다. 칼의 역할은 휘두르는 것이 아니라 찌르고 베는 것이다. 영화 "인디애나 존스"에서 코믹한 장면을 본 적이 있다. 주인공 존스가 도망을 하다가 복잡한 시장 한복판에서 적을 만났다. 적은 무서운 얼굴을 하고 큰 칼을 이리저리 휘두르고 있었다. 잔뜩 겁에 질린 존스는 어쩔 줄 몰라했다. 그러다 문득 자신에게 총이 있음을 알고 칼을 휘두르고 있는 적을 향해 총을 쏘았다. 벌써 수십 년 전에 보았던 영화인데도 아직까지 그 장면이 떠오른다. 칼을 휘두른다고 무엇을 찌르거나 벨 수 있는 것은 아니다. 말씀의 검도 마찬가지다. 말씀을 찌르는 데 사용해야지 휘두르는 데 사용하면 사람들이 도망가버리고 만다. 믿지 않는 남편에게 말씀으로 전도한다며 하나님이 어떻고, 죄인이 어떻고, 지옥이 어떻고 하며 휘둘러보라. 쓸데없는 소리한다며 남편은 그 자리를 뜰지도 모른다. 그런데 성령께서 은혜를 주실 때는 하나님의 말씀 한마디만 해도 상대방은 움찔하게 된다. 그렇게 하나님의 말씀은 찌르는 칼이다. 정곡을 찌르는 말을 경험한 사람은 그 삶에 변화가 일어날 수밖에 없다.

존 스토트는 '이중적 귀기울임'(Dual Listening)을 강조했다.

우리는 그리스도의 부요하심을 더 많이 발견하기 위해 하나님의 말씀에 귀를 기울여야 한다. 그리고 우리는 그리스도의 부요하심 중 어떤 것이 가장 필요하며, 그것을 어떻게 가장 적합하게 제시할 수 있을지를 분별하기 위해 세상에 귀를 기울여야 한다. 무엇보다 우리는 고난받는 자들의 부르짖음과 한숨에 더 주의깊게 귀를 기울여야 한다(잠 21:13).

이중적 귀기울임을 위해 그는 한손에는 성경을 다른 한손에는 신문을 들어야 한다고 했다. 성경을 읽고 세상을 읽어야 한다는 말이다. 하나님의 말씀을 묵상하고 그 묵상한 말씀을 가지고 오늘의 세상을 바라보며, 그 속에서 어떻게 말씀을 따라 살아가야 할지 생각할 수 있어야 한다. 그러면 분명히 나에게 주시는 어떤 메시지가 있음을 발견하게 될 것이다. 말씀과 함께 당신의 삶을 묵상하라. 당신의 모든 당면한 문제와 삶을 꿰뚫는 살아 있는 말씀을 듣게 될 것이다.

오늘 하루를 읽어라

"나는 아침에 출근해서 오늘 할 일에 대한 우선순위가 정해지지 않으면 일을 시작하지 않아."

직장에서 팀장으로 일하는 한 선배가 한 말이다. 그는 아침에 남들보다 30분 정도 일찍 출근해서 조용한 사무실에서 큐티를 하며 오늘 나에게 주시는 말씀을 묵상한 다음, 할 일의 우선순위를 정한다고 했다. 아무리 바빠도 이 시간을 가장 중요하게 여긴다는 것이다.

세상을 읽는 훈련을 위해서는 먼저 하루를 읽는 훈련을 해야 한다. 꼭 직장에서 팀장이 되고 리더의 자리에 있지 않더라도 우리 모두는 하루 중 일의 우선순위를 정하는 시간이 필요하다. 어제 하루를 가만히 돌아보라. 하루종일 당신은 어떤 일을 했는가? 얼마나 시간을 보냈는가? 급하고 중요한 일은 무엇이었는가? 급하지는 않지만 중요한 일을 위해 어떻게 시간을 투자했는가? 중요하지도 않고 급하지도 않은 일에 시간을 허비하고 있지는 않았는가? 또 중요하지 않는데 급하다며 찾아오는 일들에 끌려다니지는 않았는가?

사람이라면 누구나 급하고 중요한 일에 우선순위를 두는 것은 당연하다. 그런데 우리에게 혼란을 주는 문제는, 급하지 않은데 중요한 일과 급한데 중요하지 않은 일 사이에서 경중을 따지는 것이다. 삶의 질과 관계된 것들은 대체로 급하지 않은 일들이다. 그러나 인생을 멀리 내다보면 매우 중요한 일이다. 저축도 그렇지 않은가. 필요에 따라 지출하다 보면 결코 저축할 수 없다. 저축하려면 불쑥불쑥 찾아오는 급한 필요들을 잘 조율하는 지혜가 필요하다. 그러면서 끝까지 저축을 우선에 두는 삶을 살아야 가능하다. 왜 많은 사람들이 많은 돈을 지불하고 헬스클럽에 등록했지만 몇 번 가보지도 않는 걸까? 그것은 운동이 우선순위에서 밀렸기 때문이다.

그렇다면 큐티는 우선순위에 있어 급하고 중요한 일일까, 아니면 급하지 않고 중요하지도 않은 일일까? 학생들에게 물어보면 급하고 중요한 일이라고 대답한다. 그러나 실제로 큐티는 급하지 않은 일이다. 대신 중요한 일이다. 당장에 큐티하지 않았다고 문제가 생기는 것은 아니다. 사실 너무 문제가 생기지 않아서 문제다. 만약 큐티하지 않았다고 하늘에서 벌이 내리거나 중요한 결정을 내리는 데 실수하게 된다면 사정은 달라질 것이다. 큐티는 하나님과 만나 교제하는 여러 가지 방법들 중 하나이다. 멀리 몇 달, 몇 년, 아니 수십 년을 두고 생각해보면 오늘 하루의 큐티는 다른 어떤 일보다도 중요하다. 매일 큐티를 하는 것 자체가 하루를 읽는 훈련이요, 성숙에 이르는 길이기 때문이다.

큐티를 통해 우리는 사람의 필요에 끌려다니는 하루가 아니라 말씀의 인도를 받는 하루를 살아가게 된다. 나의 관점과 사람의 말이 아닌 하나님의 말씀의 눈으로 하루를 읽게 되는 것이다. 그러므로 큐티를 우선에 두는 삶을 살면 그날 하루 일과가 제대로 정돈되고 질서가 잡혀 시간을 허비하지 않게 된다. 뿐만 아니라 큐티를 중심으로 하루의 우선순위를 세우고 말씀과 하루를 묵상하면 세상 속에서 어떻게 살아야 할지에 대한 하나님의 음성을 듣게 된다.

적용의 세 가지 범주

약속의 땅 가나안 입성을 앞둔 여호수아는 백성들에게 선포하였다.

이 율법책을 네 입에서 떠나지 말게 하며 주야로 그것을 묵상하여 그 안에 기록된 대로 다 지켜 행하라 그리하면 네 길이 평탄하게 될 것이며 네가 형통하리라(수 1:8)

여호수아 시대 이스라엘 백성들만이 아니라, 오늘날 하나님의 말씀을 묵상하는 모든 그리스도인에게 주시는 말씀은 '그 가운데 기록된 대로 다 지켜 행하라'는 말씀이다. 적용이란 하나님의 말씀대로 살아가기 위해 자신의 몸과 마음과 생각의 움직임을 살피는 동찰(動察)의 과정이다.

그런데 한 가지 문제가 있다. 성경을 통해 하나님께서 직접적으로 "이렇게 하라. 저렇게 하라"고 명령하지 않으신다는 사실이다. 성경에 기록된 많은 교훈, 명령, 계시, 약속은 오늘 우리를 향한 하나님의 말씀이기에 앞서, 일차적으로 이스라엘 백성과 신약시대 당시의 그리스도인들에게 선포되었던 말씀이다. 그러므로 성경을 묵상하고 그 말씀을 오늘의 삶 속에 실천하기 위해서는 적용하는 법을 배워야 한다. 만약 하나님께서 성경을 윤리강령이나, 교훈집, 아니면 율법책처럼 만들었다면 그것은 묵상할 필요가 없다. 그저 그대로 실천하기만 하면 된다. 그런데 성경은 그런 방식으로 기록되지 않았다. 성경을 읽는 독자는 성경을 통해 발견한 깨달음과 성경적 삶의 원리를 삶의 현장에 적용하는 법을 배워야 한다.

지금까지 큐티하면서 말씀을 적용했던 경험들을 살펴보니, 하나님의 말씀을 삶에 적용하는 데 있어서 필요한 세 가지 범주를 발견할 수 있었다.

1. 오늘 당장 적용해야 하는 중요한 말씀이 있다.

2. 성령의 열매인 성품을 변화시키는 말씀이 있다.

3. 생각과 태도와 행동을 변화시키는 말씀이 있다.

이 세 가지만 잘 구별해도 상당히 실제적으로 적용할 수 있고 내공이 쌓이는 묵상을 할 수 있음을 알게 되었다. 나의 경험으로는 열 번 중에 한 예닐곱 번은 생각과 태도와 행동을 변화시키는 적용을 하고, 두세 번 정도는 성령의 열매인 성품을 변화시키는 적용을 한다. 그리고 오늘 당장 실천하고 순종해야 하는 적용은 한두 번 정도에 그치는 것을 보았다. 물론 모든 말씀이 오늘 당장 순종해야 할 말씀임에는 틀림없다. 그러나 오늘로 그쳐야 할 말씀이 아니라 계속해서 실천해야 할 말씀이라는 뜻이다. 그런 점에서 오늘 당장 적용해야 할 말씀은 오늘 당면한 문제에 대해 주시는 하나님의 음성이라는 의미가 강하다.

'브리스길라와 같은 좋은 영적 멘토를 얻고 싶다. 더 정확한 지식을 가져야겠다. 기도의 깊은 자리로 나아가야겠다. 중요한 문제의 해결을 위해 금식기도 해야겠다. 이웃을 사랑할 때 진심으로 사랑해야겠다. 주님의 온유함을 본받아야겠다. 진정한 용서는 끝까지 그 사람을 품는 것이다. 연약한 자를 도와야 한다.' 묵상을 하다 보면 여러 가지 깨달음을 얻는다. 이처럼 다양한 깨달음을 살펴보면 앞서 소개한 세 가지 범주로 나누어 볼 수 있다. 성품과 인격을 변화시키는 적용과 태도와 가치관을 변화시키는 적용은, 오늘 한 번 마음먹고 실천한다고 해서 삶이나 성품이 쉽게 변화될 수 있는 것은 아니다. 시간이 필요하다. 묵상에도 시간이 필요하듯, 삶의 변화에도 상당한 시간이 필요하다. 나무를 키우다 보면 햇빛이 드는 방향으로 줄기가 휘어지는 것을 보게 된다. 그래서 가끔씩 화분을 돌려주어야 한다. 그렇지 않으면 휘어진 채 굳어지게 된다. 일단 나무가 굳어지고 나면 다시 반듯하게 자라게 하는 일은 쉬운 일이 아니다. 어떤 때는 줄기를 줄로 묶어서 당겨놓아야 할 때도 있다. 그렇게 한참이 지나야 반듯해진다. 우리의 영적인 모습도 비슷하다. 허물과 죄로 죽었던 자요, 하나님께 순종하는 것보다 불순종하는 것이 더 익숙하고 자연스러운 우리가 과연 한 번 결심한다고 우리의 성품이나 습관이 완전히 바뀔 수 있을까? 하나님의 말씀이라는 햇빛을 지속적으로 쬐고, 성령께서 주시는 선한 의지로 휘어진 곳을 잡아당기는 과정 없이는 결코 온전한 변화를 기대하기 어려울 것이다. 그러므로 하나님의 말씀이 자신의 삶에 체질화되려면 어느 정도의 시간과 부단한 노력이 필요하다. 한 번 실천한 것으로 만족해서는 안 된다. 그런데 어떤 때는 오늘 당장 적용해야 할 중요한 말씀을 주시기도 한다. 그때는 깨달은 말씀을 순종하기만 해도 놀라운 변화가 일어난다.

오늘 당장 적용해야 할 중요한 말씀이 있다

"당신은 왜 하나님의 말씀을 묵상합니까?" 하고 물어보면 상당수는 오늘 어떻게 살아야 할지 주님의 음성을 들고 싶기 때문이라고 한다. 나도 매일 주님이 주시는 음성을 따라 한순간 한순간 살아가고 싶다. 그런데 하나님은 "오른쪽으로 가거라. 동쪽을 조심해라. 계약을 체결하지 마라. 집을 사라"와 같은 구체적인 말씀을 주시지는 않는다. 하나님의 음성은 오늘 하루 시급한 일이나 만남, 혹은 자신의 감정과 생각 가운데 중심을 꿰뚫어보는 통찰을 준다. 그러므로 하나님의 음성은 지식적 깨달음을 넘어 영적 깨달음에 있음을 잊지 말아야 한다.

당신이 만약 오늘 당장 적용해야 할 말씀을 구하고 있다면 먼저 스스로를 돌아보아야 한다. 우리는 매일 하나님의 말씀을 읽고 듣고 가까이 대하지만 지식적 깨달음을 얻는 것으로 그칠 때가 자주 있다. 그러나 지식적 깨달음은 결코 오늘을 위한 말씀이 될 수 없다. 그 깨달음이 진정으로 자신의 삶에 연결되어 깨달아질 때 그것은 영적 깨달음이 되며, 살아서 운동력 있고 통찰력 있는 오늘의 말씀이 되는 것이다.

그래서 적용은 또 다른 묵상이다. 다니엘 도리아니는 전통적인 적용 방법인 '해석 먼저, 적용은 나중에'의 문제점을 지적한다. 전통적으로 해석은 본문이 '무엇'인지 결정한다면, 적용은 '그래서 무엇을 해야' 하는지 탐구하는 것이었다. 그러나 실제로 성경을 해석하고 묵상하여 적용하는 과정은 그렇지 않다.

우리는 성경을 해석하고, 성경은 우리를 해석한다. 우리는 본문을 자세히 조사하며, 본문은 우리를 자세히 조사하여, 우리의 믿음과 경험, 비밀을 드러낸다. 성경이 우리에게 스스로 적용한다고 말할 수도 있을 것이다. … 그래서 해석과 적용 간에 분명한 선을 긋는 것은 소용없는 일이다. 그 둘 간의 경계는 희미하고 투과할 수 있기 때문이다.

이해는 언제나 적용을 포함한다. 왜냐하면 자신의 삶을 벗어나서는 결코 성경이 이해되지 않을뿐더러, 이해 없이는 깨달음도 없기 때문이다. 말씀의 정황 속에서 발견한 깨달음은 삶의 정황 가운데 적용되어야 한다. 삶에 대한 진지한 묵상 없이는 어떠한 깨달음도 얻을 수 없다. 성경을 묵상하는 유일한 목적은 하늘의 뜻이 땅에 이루어지게 하는 것이다. 하나님의 말씀이 오늘 나의 삶의 현장에서 나의 삶을 통해 살아서 움직이게 하는 것이다. 이를 위해 하나님은 오늘 당장 적용해야 할 말씀을 주신다.

성경을 묵상할 때 주시는 깨달음 중에서 다음 두 가지는 오늘 당장 실천해야 하는 적용이다.

첫째, 오늘 말씀을 통해 깨달은, 내가 고백해야 할 죄는 무엇인가?
둘째, 오늘 당장 순종해야 할 약속이나 명령은 무엇인가?

사람이 자기를 돌아보게 만드는 데 있어 거울의 발견만큼 대단한 일이 있을까? 자크 라캉의 '거울단계'(The Mirror Stage)라는 이론이 있다. 첫돌이 될 때까지 아기는 엄마와 자기 자신, 젖가슴, 젖병, 빛, 아빠, 자기 손 등 모든 것이 일체를 이루고 있다고 믿는다고 한다. 그런데 첫돌 무렵에 '거울단계'를 경험하는데, 아기는 거울을 보면서 자기가 존재한다는 것과 자기 주위에 다른 사람들과 세계가 있다는 것을 알게 된다고 한다. 그리고 자신을 알아보기 시작하고 자기 자신에 대한 이미지를 형성한다는 것이다. 그 이미지는 좋을 수도 있고 나쁠 수도 있다. 대개는 자신의 이미지에 흡족해하며 자기애에 빠지고, 아기는 상상력을 발휘하여 자신의 모습을 어떤 영웅(실제 영웅이라기보다는 대단한 사람 정도)과 동일시하기도 하는데, 그 상상력 덕분에 삶의 어려움을 견뎌나간다는 이론이다. 사람은 자신을 돌아보기 위해 언제나 거울을 찾는다. 이처럼 우리 영혼을 돌아보기 위한 거울도 필요하다. 영혼의 성찰을 위해서는 거울을 찾아야 한다. 하나님의 말씀은 우리 영혼을 비추는 거울과 같다.

성경을 묵상하면 말씀 속에서 하나님을 만나게 된다. 하나님의 존전에 머물게 되는 것이다. 하나님을 만난 사람에게 나타나는 첫 번째 반응은 자신이 죄인임을 고백하는 것이다. 이사야 선지자가 성전에서 하나님의 임재를 경험했을 때, 그의 첫 번째 고백은 자신의 입술이 부정하다는 것이었다. 성경은 천사가 제단 숯불로 이사야의 입술을 정결하게 하여 모든 악과 죄를 사하여 주었다고 한다(사 6:5-7). 베드로는 예수님이 자신의 배에서 베푸신 기적을 경험하자 예수님께 무릎을 꿇고 "나를 떠나소서. 나는 죄인이로소이다"라는 고백을 드렸다(눅 5:8). 이 처럼 제대로 된 묵상은 가장 먼저 우리를 회개의 자리로 이끈다. 자신의 죄를 고백하고 하나님과 더욱 가까워지고 싶은 열망을 갖게 만든다.

우리는 여기서 죄에 대한 정의를 내릴 필요가 있다. 시편 1편에는 의인과 악인이 나온다. 의인과 악인의 차이는 무엇인가? 행위로 의인과 악인을 구분한다면 모든 사람은 악인이 될 수밖에 없다. 중요한 것은 행위가 아니라 관계다. 효자와 불효자의 차이가 부모를 얼마나 공경하느냐가 아니라 부모와 얼마나 사이가 좋으냐의 문제인 것처럼 말이다. 하나님은 항상 자기 자녀를 찾아오셔서 말씀하시고 인도하셔서 그분의 날개 안에 품어주신다. 그런 하나님을 모른 척하고 거부하며 가까이 하지 않으려고 하는 행동이 바로 죄다. 하나님으로부터 멀어질 때 나타나는 것들이 바로 죄의 결과들이다. 죄의 결과들을 매일 나열하며 고백하는 것보다, 하나님과 멀어졌던 관계에 대해 고백하며 하나님께 더욱 가까이 나아가길 소원하는 기도를 드려야 한다. 빛이신 하나님 말씀의 거울을 통해 자신을 돌아보고 죄를 고백하는 것, 이것이 우리가 가장 먼저 해야 하는 적용이다.

하나님을 만난 사람에게 나타나는 두 번째 반응은 하나님께서 주시는 말씀을 듣고 순종하는 것이다. 달라스 윌라드는 순종의 중요성에 대해 말한다.

내 내면에 가득한 생각과 감정과 습관이 파괴된 모습 그대로라면,

과거에 나를 이긴 적이 있는 내 이웃이 지금 내 힘으로 도울 수 있는 곤궁에 처해 내 앞에 설 때 나는 현장에서 선을 행할 수 없을 것이다. 따라서 예수 그리스도를 순종할 의도가 있다면, 순종이 몸에 밴 사람이 되려는 의도와 결단이 필요하다. 내 내면이 실질적으로 그분과 같아져 그분의 생각, 감정, 습관, 아버지와의 관계가 곧 내 존재 전체의 특징이 될 때까지 말이다.

순종이 몸에 밴 사람이 되려면 묵상 중에 주시는 생각과 깨달음에 즉각 순종해야 한다. 어떤 때는 회개의 마음을 주신다. 누군가를 위해 기도하고 싶은 마음도 주시고, 그동안 미뤄두고 있었던 일을 해야겠다는 생각도 주신다. 오늘 꼭 그 사람에게 교회에 나가자고 말해야겠다는 다짐을 하기도 한다. 이전에 들었던 선교사님의 기도제목을 가지고 기도해야겠다는 생각이 들기도 한다. 마음에 주시는 생각, 느낌, 다짐이 있다면 그것을 하나님의 음성으로 여기고 순종하는 지혜가 필요하다. 우리는 가끔 신령한 기도를 하는 사람들의 간증을 듣는다. 그들은 기도 중에 하나님께서 말씀하신 대로 했더니 정말 놀라운 일이 일어났다고 고백한다. 그들과 우리의 차이는 무엇일까? 마음에 주시는 생각, 느낌, 다짐에 즉각 순종하느냐 순종하지 않느냐이다. 물론 자신의 생각과 하나님의 음성, 즉 성령의 인도하심을 분별하기란 쉽지 않다. 우리가 순종하여 그 일을 행하기 전까지는 누구도 그것을 온전히 분별할 수 없다. 일단 순종해야 한다. 묵상 중에 세미한 음성을 듣거나 깨달음이 온다면 그것이 바로 하나님의 음성이라고 확신하고 즉각 순종하는 자세가 필요하다.

6장

성품은 장거리 경주다

묵상은 하나님을 배워가는 과정이다

묵상이란 하나님과 깊은 대화를 나누면서 하나님을 배워가는 과정이다. 내가 적극적으로 묻기도 하고, 주님께서 나에게 물으시기도 한다. 말씀 가운데 주님과 대화를 나누면서 주님과 마음을 나누는 것이 묵상이다. 성경을 처음 읽으면 사람이 보인다. 성경의 여러 인물들이 보이고, 그들의 삶과 말이 보인다. 그런데 성경을 묵상하기 시작하면 성경의 인물들을 이끄시는 하나님이 보인다. 하나님을 보는 눈이 열리는데 이것이 '통찰'이다. 성경에 나타나는 이야기와 사건들을 통해 하나님이 어떻게 일하고 계셨는지 보게 된다. 눈이 열리면 하나님이 보이고 하나님을 알아가게 되는 것이다.

아내와 연애하던 시절, 우리가 자주 했던 놀이(?) 중 서로에게 질문하기가 있었다. 서로 알아가는 데 있어서 질문하고 대답하는 것보다 더 좋은 게 있을까. 처음에는 좋아하는 음식 세 가지 말하기, 좋아하는 영화, 좋아하는 책, 좋아하는 성격 등을 묻고 답했다. 시간이 흐르자 피상적인 질문에서 만나면서 행복했던 때, 상대방의 좋은 점 세 가지, 고쳐주고 싶은 점 다섯 가지, 앞으로 하고 싶은 일 세 가지, 만나면서 힘들었던 때, 교제하면서 변화된 것 세 가지 등, 서로의 생각과 마음을 읽을 수 있는 질문을 나누었다. 지금도 연애시절 추억을 떠올리며 가끔 이런저런 질문과 대답을 하는 시간을 갖는다. 살아가면서 서로를 더욱 알아가겠지만 그래도 그 당시 주고받았던 질문과 대답을 통해 서로 많이 이해할 수 있었던 같다.

하나님과 교제할 때도 질문은 중요하다. 대화의 시작은 언제나 질문이다. 아브라함과 하나님 사이에는 친밀한 대화가 있었다. 아브라함은 하나님과 격의 없이 이야기를 주고받았다. 그들의 대화를 가만히 살펴보면 질문, 추측, 다시 주장하기, 회의, 잠시 멈춤, 두려움과 의심, 상대방 생각 재확인하기와 같이 친밀한 대화에서나 볼 수 있는 허물없음과 솔직함을 느낄 수 있다. 여기서 우리가 놓쳐서는 안 되는 것은 하나님은 대화를 원하신다는 것이다. 아브라함이 하나님과 대화하기에 충분할 만큼 거룩하기 때문이 아니다. 하나님이 대화를 원하시기 때문이다.

하나님께 많이 물어야 한다. 무엇이든지 솔직하게 물어보라.

하나님께 물음을 드리면 하나님은 우리 마음에 어떤 생각이나 깨달음으로 말씀해주신다. 어떤 때는 즉시 말씀하지 않는 경우도 있다. 그러나 반드시 하나님은 대답을 주신다. 하나님께서 즉시 대답을 주시지 않는 경우는 대체로 지금 나에게 말씀하셔도 내가 들을 준비가 되어 있지 않기 때문일 경우가 많다. 하나님의 침묵은 내가 진정되기를 기다리는 하나님의 사랑이다. 오직 그 상황에 몰입해 무슨 말을 해도 귀에 들리지 않는 내가 잠잠해지기를 기다리시는 하나님의 인내이다.

언젠가 너무 억울한 일을 당해 속이 많이 상한 적이 있었다. 하나님께 목놓아 울면서 큰소리로 외쳤다. "하나님, 왜 그러셨어요? 도대체 왜 그러세요? 왜 나를…." 그렇게 간절히 기도하니 가슴은 후련한데 마음은 답답했다. 가슴에 응어리진 것을 쏟아내니 후련하기는 한데 마음은 아직 답을 얻지 못해 답답할 수밖에 없었다. 그런데 시간이 지나고 마음에 일고 있는 파도가 어느 정도 잔잔해지자 하나님의 말씀이 들리고 이해되고 깨달아졌다. '아, 하나님께서 나에게 그 일이 일어나도록 두신 이유가 있었구나.'

나는 요나서를 묵상하다가 하나님께서 우리와 대화하기를 원하신다는 사실을 깨달았다. 하나님은 우리를 이해시키고 설득하시는 분이셨다. 요나가 하나님과 나누는 대화를 보라.

그러나 요나는 하나님께서 그 성을 멸망시키지 않으신 것에 대해 매우 못마땅히 여겨 화를 냈습니다.

요나가 여호와께 불평하며 말했습니다.

"나는 고국에 있을 때부터 이런 일이 일어날 줄 알았습니다. 내가 급히 다시스로 도망쳤던 것도 그런 까닭에서였습니다. 나는 주께서 자비롭고 은혜가 많으신 하나님이라는 것을 알았습니다. 주께서는 노하기를 더디하시고 사랑이 많으시기 때문에, 그들을 심판하시기보다 용서해주시리라는 것을 알고 있었습니다. 그러니 여호와여, 제발 나를 죽여주십시오. 내게는 사는 것보다 죽는 것이 더 낫습니다."

그러자 여호와께서

"네가 그렇게 화를 내는 것이 과연 옳으냐?"

라고 말씀하셨습니다.

요나는 성 밖으로 나가 성의 동쪽에 머물렀습니다. 그는 오두막을 짓고 그 그늘 아래에 앉아 성이 어떻게 되는가를 지켜보며 기다리고 있었습니다.

…

하나님이 요나에게 말씀하셨습니다.

"네가 그 나무 때문에 화를 내는 것이 과연 옳으냐?"

요나가 대답했습니다.

"그렇습니다. 죽고 싶도록 화가 납니다."

그러자 여호와께서 말씀하셨습니다.

"네가 심지도 않았고 가꾸지도 않았으며, 밤새 나타났다가 이튿날

죽고 만 그 나무를 그렇게 아끼는데, 하물며 옳고 그름을 가릴 줄 모르는 사람이 십이만 명도 넘게 살고 있으며, 짐승들도 수없이 많은 저 큰 성 니느웨를 내가 아끼지 않을 수 있겠느냐?"

(욘 4장, 쉬운성경)

요나의 말에 주의를 기울여보라. 요나는 하나님을 지식적으로 정확하게 알고 있었다. 그는 하나님이 자비롭고 은혜가 많으시며, 노하기를 더디 하시고, 사랑이 많으시며, 심판보다는 용서를 더 좋아하신다고 알고 있었다. 그렇지만 하나님의 뜻에 순종할 수는 없었다. 하나님은 이런 요나의 마음을 아셨다. 그래서 요나에게 질문하셨던 것이다. 하나님과 요나의 솔직한 대화를 통해 요나는 하나님의 마음을 깨닫게 되었다. 자신이 얼마나 지식적이고 이기적으로 하나님의 사랑과 용서에 대해 생각하고 있었는지를 깨닫게 해주셨다.

조금 더 깊은 묵상의 자리로 나아가면, 내가 하나님께 묻는 것이 아니라 하나님이 나에게 묻고 계신 것을 발견하게 된다. 하나님의 질문에 답을 해야 하는 것이다. "나를 어떻게 생각하느냐?" "나를 사랑하느냐?" "너의 참 모습이 보이느냐?" "너는 무엇을 하고 있느냐?" "왜 그렇게 생각하느냐?" 묵상 중에 이런 정곡을 찌르는 질문을 받으면 뭐라 대답할지 몰라 당황해한다. 그런데 그 질문들이 언제나 나의 모든 가식과 허물을 벗기고 깊은 곳에 숨은 나의 본심을 보게 만든다. 하나님을 제대로 보지 못하게 했던 구름이 걷히는 시간이다. 비로소 지식이 아니라 인격적으로 하나님의 마음을 읽고 하나님을 바라보게 된다. 그리고 하나님의 관심과 사랑의 대상이 보이기 시작한다.

묵상을 통해 하나님을 알아가야 하는 이유는 잃어버렸던 하나님의 형상, 즉 온전한 성품을 되찾기 위해서다. 하나님의 온전하심을 바라볼 때 잃어버린 하나님의 형상을 회복하는 일이 가능해진다.

형제들아 나는 아직 내가 잡은 줄로 여기지 아니하고 오직 한 일 즉 뒤에 있는 것은 잊어버리고 앞에 있는 것을 잡으려고 푯대를 향하여 그리스도 예수 안에서 하나님이 위에서 부르신 부름의 상을 위하여 달려가노라(빌 3:13-14)

보이지 아니하는 하나님의 형상(골 1:15)이신 예수님을 푯대로 삼고 믿음의 주요 온전케 하시는 분을 바라보아야 한다(히 12:2). 우리가 그분을 바라볼 때 우리가 무엇을 닮아야 하고, 어떻게 닮아야 할지 보이는 것이다.

묵상을 통해 하나님의 성품을 닮아간다

1850년대 미국 몬테나 주 강변에서 금광맥을 찾던 열두 명의 사람들이 굉장히 큰 금광맥을 발견했다. 당시에 그들은 너무 지쳐 있었고 몇몇은 아프고 작업할 도구도 부족했다. 그들은 마을로 가서 치료도 받고 힘을 회복하고 충분한 도구를 준비해서 오기로 했다. 그들이 2주 동안 잘 먹고 쉬고 치료한 뒤 도구를 챙겨 새벽에 마차를 이끌고 나서자, 온 동네 사람들이 그 뒤를 따르는 것이 아닌가. 몹시 화가 난 일행은 다시 돌아와 누가 발설했는지 서로 추궁했다. 그런데 아무도 말한 사람이 없었다. 그래서 동네 사람들에게 물었다. "대체 당신들은 우리가 금을 찾은 것을 어떻게 알았어요?" 그러자 그들이 대답했다. "우리는 당신들 얼굴을 보고 알았어요. 당신들 얼굴에 '우리는 금을 찾았다'라고 쓰여 있었어요."

얼굴은 얼의 꼴이라고 한다. 즉 마음 상태의 반영이다. 마음에 큰 기쁨이 있으면 아무리 감추려고 해도 기쁜 빛이 새어나오고, 마음에 근심이 있으면 아무리 화장을 하고 겉으로 웃어도 근심 빛이 새어나오게 되어 있다.

어떤 사람은 "하나님, 너무 보고 싶어요" 하며 기도를 드렸더니 "자, 봐라" 하면서 하나님을 보여주셨다고 한다. 그가 본 것은 환상 중에 본 것이지 진짜 하나님은 아니다. 우리는 하나님을 볼 수 없다. 그런데 하나님을 직접 본 사람이 한 사람 있다. 그는 바로 모세이다.

또 이르시되 네가 내 얼굴을 보지 못하리니 나를 보고 살 자가 없음이니라 여호와께서 또 이르시기를 보라 내 곁에 한 장소가 있으니 너는 그 반석 위에 서라 내 영광이 지나갈 때에 내가 너를 반석 틈에 두고 내가 지나도록 내 손으로 너를 덮었다가 손을 거두리니 네가 내 등을 볼 것이요 얼굴은 보지 못하리라 (출 33:20-23)

모세는 하나님을 보고 싶어했지만 하나님은 직접 대면하여 보지 못한다고 말씀하셨다. 그리고 먼발치에서 하나님의 등을 볼 수 있는 영광을 허락하셨다. 빛이신 하나님을 정면으로 보면 어둠인 우리는 타 죽든지 사라져 버리든지 할 것이다. 모세는 하나님의 등을 보았을 뿐인데 그의 얼굴에 광채가 났다. 사람들은 그의 얼굴에 비치는 광채를 보고 두려워했다. 모세는 자신의 얼굴을 수건으로 가려야 했다. 하나님을 잠깐 보았을 뿐인데 그의 얼굴에 광채가 났다는 것은 하나님의 영광이 얼마나 대단한지 알려준다. 하나님의 형체를 본 사람은 없다. 하나님은 영이시다(요 4:24). 하나님은 보이지 않으신다(딤전 1:17). 그런데 우리는 하나님을 유추해낼 수 있다. 하나님은 성경말씀을 통해 자신을 계시하셨다. 그래서 우리가 성경을 읽을 때 그 속에서 하나님을 발견하게 되고, 그분을 유추하게 되는 것이다.

사람은 하나님의 형상을 따라 지음 받았다. 안타까운 사실은 아담의 범죄 이후로 사람은 죄로 인해 하나님의 형상을 잃어버린 채 살아간다는 것이다. 그러므로 하나님의 말씀인 성경묵상을 통해 잃어버렸던 하나님의 형상을 발견하고 회복할 수 있어야 한다. 사도 바울은 디모데후서 3장 17절에서 "이는 하나님의 사람으로 온전하게 하며 모든 선한 일을 행할 능력을 갖추게 하려 함이라”고 했다. ‘온전하게 하며’라는 말에 주의를 기울여보자. 하나님의 사람으로 모든 선한 일을 하기 위해서는 온전함이 필요하다. 그 온전함은 바로 성품의 문제이며, 태초에 하나님이 자기의 형상을 따라 만드신 사람의 모습이다.

성품은 어떤 사람을 구분하는 성질 혹은 본질이다. 달라스 윌라드는 “성품이란 자아의 내면적·총체적 구조다. 성품은 장기적 행동 패턴을 통해 표현되며, 행동은 성품의 자동적 결과이다”라고 말한다. 습관적인 행동이나 감정과 의지와 성향의 문제도 성품에서 시작된다는 것이다.

우리는 성품을 성격과 구분해야 한다. 성격은 기질이나 스타일을 말한다. 수줍거나 사교적인 것, 조용하거나 말이 많은 것, 쾌활하거나 진지한 것, 신중하거나 모험을 좋아하는 것 등을 말한다. 그런데 성품은 도덕적이면서 영적인 성향을 띤다. 정직하거나 잘 속이는 것, 겸손하거나 교만한 것과 같은 도덕적인 범주들을 말한다. 성경은 처음부터 끝까지 성품을 다루고 있다. 하나님은 아브라함, 요셉, 모세와 같은 사람들의 성품을 연단하고 시험하셨다. 선지자들은 이스라엘의 몰인정한 성품을 지적하며 하나님께서 그들의 마음을 새롭게 해주실 것이라고 했다(렘 9:26; 17:9; 31:31-34). 사도 바울은 하나님께 “그의 성령으로 말미암아 너희 속사람을 강건하게”(엡 3:16) 해 달라고 기도했다. 성령께서는 우리가 하나님의 성품을 닮을 수 있도록 도우시는 분이다. 진리의 성령께서는 말씀을 묵상하는 중에 우리의 성품에 대해 깨닫게 해주시고, 하나님의 성품을 닮아가도록 연단하신다. 그 결과 하나님과 그분의 뜻에 순종하고, 하나님과 이웃을 섬기며, 일편단심으로 헌신하는 그리스도를 닮은 사람이 되는 것이다.

지속적인 성품의 변화를 위해 적용해야 한다

"사막의 회오리바람은 내 마음속에선 천상의 오케스트라가 되고…."

송경태 씨는 사막 마라톤에서 배낭이 무거울 때 우선 먹는 것을 줄인다고 한다. 그는 군복무 중 폭발사고로 실명하여 빛을 지각하지 못하는 1급 장애인이다. 그런 그가 사하라사막, 고비사막, 아타카마사막, 남극대륙에서 '4대 극한 사막 마라톤 그랜드슬램'을 달성했다.

『신의 숨결 사하라』라는 그의 책을 보면 6박 7일간 뛸 수는 있다 해도, 눈으로 보지도 못하는데 당시 상황을 생생하게 묘사했다는 것이 신기할 정도다.

사막을 뛰다가 발바닥에 닿는 감촉이 달라졌다 싶으면 레이스 파트너에게 "주변 풍경이 어때?" 하고 물어봐요. 직접 손으로 모래도 만져보죠. 제 눈으로는 빛과 색과 선을 볼 순 없어요. 하지만 마음으로 그릴 수가 있어요. 눈 빼고 온몸의 감각이 동원되죠. 이를 머릿속에 입력해놓죠. 달리면서도 계속 되뇌입니다. 동료들은 귀국할 때쯤 되면 자신이 달렸던 구간을 거의 기억 못해요. 눈으로만 봤기 때문이죠. 오히려 눈이 안 보이는 제게 당시 상황이 어떠했는지 물어볼 정도죠.

항상 꼴찌를 하지만 한번도 낙오한 적은 없다고 한다. 오히려 많은 사람들이 자신을 지나치면서 희망을 얻는다고 한다. 비록 볼 수는 없지만 자신의 온몸으로 사막을 느끼려고 했기에, 그는 목표만 바라보며 달렸던 눈뜬 사람들보다 더 정확하게 사막을 기억하고 그려낼 수 있었던 것이다.

우리는 이미 수많은 하나님의 이름과 성품과 하신 일들을 알고 있다. 그러나 그중 자신의 마음과 영혼에 새겨져 있는 것은 몇 개 되지 않는다. 그러나 말씀을 묵상하고 자신의 삶을 통해 경험한 하나님은 결코 잊을 수 없다. 또한 우리는 묵상을 통해 깨달은 말씀과 삶에 실천하는 적용을 통해 하나님을 유추할 수 있다. 하나님을 알아가면 그분을 진정으로 사랑하게 된다. 하나님을 사랑하면 그분을 닮아가는 삶을 산다. 하나님을 닮게 되면 하나님의 뜻과 합한 삶을 살게 되고, 하나님의 일을 하는 사람이 된다. 그래서 우리는 하나님을 지식으로 알아가기보다 묵상을 통해 체득하기를 힘써야 한다.

성경을 통해 하나님을 묵상할 때 우리는 성경에서 말씀하시는 하나님의 성실, 공평, 자비, 은혜, 사랑과 같이 문자적으로 드러난 하나님의 성품을 발견하게 된다. 성경을 묵상하다 보면 어떤 때는 문자를 통해 읽을 수 없는 하나님의 인내, 슬픔, 기쁨, 위로, 진실, 분노, 용서, 희생, 헌신, 자상함, 광대함, 열심과 같은 성품을 발견하게 된다. 성경 속에 숨겨진 하나님을 발견할 때 문자로서의 하나님이 아니라 살아 있는 하나님의 형상이 그려지기 시작한다. 아름답고 고귀한 하나님의 형상을 닮고 싶은 마음의 열정이 솟구친다. 숨겨진 하나님을 발견하는 것, 그것이 바로 묵상의 목적이고, 우리의 성품이 하나님을 닮은 성품으로 변화되는 시작점이다.

하나님의 형상으로 지음 받았지만 하나님의 형상을 잃어버린 우리는 지극히 세상적인 모습을 하고 세속의 성품을 닮아 있었다. 그런 우리가 예수 그리스도로 말미암아 새로운 피조물이 되었다(고후 5:17). 하나님의 자녀가 된 것이다. 이제 더 이상 세상을 본받는 삶을 살아서는 안 된다(롬 12:2). 날마다 하나님의 형상을 닮아가는 변화의 삶을 살아야 한다. 그 결과 자기를 창조하신 이의 형상을 따라 지식에까지 새롭게 하심을 입은 새 사람이 되어야 한다(골 3:10). 이를 위해 하나님을 바라보는 삶을 살아야 한다. 하나님을 바라보지 않고는 하나님의 형상을 닮아갈 수 없다. 하나님의 형상을 찾는 과정을 성화라고 한다. 하나님은 거룩하신 분이다. 잃어버린 하나님의 형상을 우리의 삶에서 찾을 때 그곳은 거룩한 곳, 거룩 그 자체가 된다. 거룩한 말이나 행동을 한다고 해서 거룩한 삶을 사는 것이 아니다. 그의 모습과 삶에 하나님의 형상이 나타나야 하는 것이다. 그런데 이러한 변화는 한순간에 일어나지 않는다. 성품의 변화는 지속적인 연단과 훈련이 필요한 영역이다. 그래서 매일 큐티를 통해 얻은 깨달음을 그날 하루 실천하는 것으로 끝낼 수 없는 문제인 것이다.

성품을 변화시키는 것은 시간이 필요하다

"우리 아이가 달라졌어요"라는 TV 프로그램에는 다양한 문제를 가진 아이들이 등장한다. 아이들의 문제점을 전문가가 파악한 뒤, 먼저 부모에게서 발견한 문제점을 해결하는데 그 방법은 대체로 두 가지이다. 첫째는 부모가 주도적이어야 하고, 둘째는 교육에 일관성이 있어야 한다는 것이다. 부모의 태도를 교정한 후 아이의 행동에 대해 바른 훈육과 놀이치료, 관계훈련 등을 거친다. 그런데 참 신기한 것은 욕하고, 폭력적이고, 절제하지 못하고, 심지어는 자기 스스로에게 상처를 주며 파괴적이던 아이들이 언제 그랬냐는 듯 변한다는 것이다. 인상도 바뀌고, 언행도 바뀌고, 심지어는 친구 관계에서도 아주 상냥하고 자상한 아이로 변한다. 마치 누군가가 마술을 부린 것처럼 또는 원래 그런 아이인데 잠깐 방송을 위해 악역을 연기한 것처럼 아주 짧은 시간에 말이다. 세상 모든 사람들이 이 아이들처럼 쉽게 변할 수 있다면 얼마나 좋을까.

하나님의 말씀이 삶을 변화시키는 능력이 있다는 것을 믿고 사역하지만, 좀처럼 바뀌지 않는 현실 앞에서 어떤 때는 무력감을 느끼기도 한다. 왜 아이들은 쉽게 변하는데 어른들은 좀처럼 변하지 않을까? 나중에 조사해봐야 할 일이지만 방송이 끝난 뒤 아이는 변했는데, 부모는 이전처럼 아이를 대하는 상태로 돌아간 것은 아닐까 하는 의심이 들기도 한다. 살아온 세월이 얼마 되지 않은 아이는 금방 자신의 태도와 습관과 성격을 바꿀 수 있지만 부모는 그렇지 않기 때문이다. 부모는 자신을 변화시키기 위해 정말 각고의 노력을 해야 한다. 부모가 그와 같은 성격이나 성품을 지닌 사람으로 형성되는 데 걸린 시간이 살아온 세월만큼이기 때문이다.

사람의 성품의 변화는 쉽지 않다. 어떤 이는 "나는 원래 화내는 성격이거든요" 하며 당당하게 화를 낸다. 어떤 이는 "저는 소극적인 성격이라 그런 일을 못해요"라면서 스스로를 제한하고, 어떠한 변화의 요구에도 응하지 않을 것처럼 자신을 방어한다. 어쩌면 그렇게 살아온 모습이 자신의 존재방식이었는지도 모른다. 그러니 그걸 바꾸라는 말이 굉장히 힘들고 부담스럽게 느껴졌을 것이다. 이처럼 우리의 태도와 성품을 변화시키기 위해 시간이 필요하듯 변화의 필요성을 인정하는 데도 시간이 필요하다.

그런데 그 시간을 단축할 수 있는 비결이 있다. 성령께서 우리 마음에서 일하시는 것이다. 성령께서는 마음에 도전을 주시고 깨달음을 주신다. 하나님의 온전한 성품을 주목하게 하시며 간절히 소망하게 만드신다. 손해 보는 일을 절대로 하지 않던 사람이 속은 굉장히 쓰리지만 조금씩 양보하고 있음을 발견한다. 성령께서 그의 심령에 깨달음과 함께 실천할 수 있는 능력을 주시기 때문이다. 이렇듯 말씀묵상을 통해 성령의 조명하심을 경험하면 그 사람의 성품이 변화되는 시간이 단축되기도 한다. 어떤 때는 단축시키는 정도가 아니라 갑작스럽게 변하기도 한다. 성령께서 주시는 큰 깨달음이 찾아오면 말이다. 그런 놀라운 변화가 일어났다 할지라도 결국 변화된 성품이 자신의 성품으로 자리하기 위해서는 지속적으로 말씀을 묵상해야 한다. 날마다 저 깊은 곳에서 올라오는 옛사람의 속성을 진리의 말씀으로 쳐서 복종시키는 묵상의 과정이 필요한 것이다.

용서 없이는 변화도 없다

용서는 그리스도인의 성품에서 아주 중요하다. 그래서 예수님도 제자들에게 일곱 번에 일흔 번이라도 용서하라(마 18:22)고 하셨다. 용서하지 않는 마음은 온전한 성품을 이루는 데 가장 큰 장애물이다. 용서하지 않는 마음은 자신과 다른 사람을 비난하는 공격적 태도와 더 이상 상처 받지 않고 상처 주지 않겠다는 생각에서 오는 무관심 즉, "내가 알 바 아니다"

라는 식의 거리두기로 나타난다. 용서의 문제는 주로 나 자신과 가까운 사람들과의 관계에서 발생한다. 가장 가깝게는 자기 자신이며, 자기 관계의 반경 안에 있는 사람들이다. 그래서 가장 용서가 안 되는 사람은 바로 자기 자신이고, 가장 가까운 가족이나 친구일 때가 많다.

> 너희가 사람의 잘못을 용서하면 너희 하늘 아버지께서도 너희 잘못을 용서하시려니와 너희가 사람의 잘못을 용서하지 아니하면 너희 아버지께서도 너희 잘못을 용서하지 아니하시리라(마 6:14)

예수님은 용서의 중요성에 대해 강조하셨다. 용서하지 않으면 하나님의 은혜를 누릴 수 없기 때문이다. 뿐만 아니라 용서하지 않는 마음에는 마귀가 틈타게 되는데, 마음이 분노와 미움으로 가득하게 하여 그의 심령을 더러워지게 만든다. 더러워진 마음은 삶을 잘못된 태도와 감정을 지닌 채 살아가게 만든다. 그 결과 신앙생활은 무기력해지고, 인격적으로 성장하지 않아 주님의 성품을 닮아가는 삶은 생각지도 못하게 되는 것이다.

성경에 나오는 용서 이야기 중 요셉의 이야기는 용서란 무엇이며, 어떻게 용서해야 하는지를 보여준다. 형들의 미움을 받던 요셉은 애굽의 총리가 되었다. 자신을 팔아넘긴 형들에 대한 증오로 인생을 살았을 것 같은 요셉이다. 그런데 자기 발 앞에 엎드린 형제들과 화해하기도 전에 그는 이미 형들을 용서했다. 요셉은 지난날 형들이 요셉에게 했던 일에 대해 서로 탓하는 소리를 들었다. 그는 북받쳐 나오는 울음을 참기 위해 급히 자리를 떠나야 했다. 나는 이 본문을 묵상하다가 문득 요셉의 울음은 어떤 울음이었을까 하는 생각이 들었다. 요셉은 형들을 용서했지만 그 마음의 상처는 흉터로 남았을 것이다. 지금까지의 세월이 주마등처럼 지나가자 울음이 터져나왔다. 그는 그렇게 울었지만 형들에게 보복하려는 마음은 없었다. 그의 울음은 어느새 형들을 향한 긍휼의 눈물로 바뀌어 있었다. 요셉은 진정으로 그의 형들을 사랑하고 있었다. 그리고 가족을 위해 애굽의 총리로 세우신 하나님의 깊은 뜻을 깨달았다. 이제 그의 마음은 형들을 향한 분노와 복수의 마음이 아니라 가족들을 위해 자기가 감당해야 할 사명으로 가득 차 있었다.

우리는 요셉의 모습을 통해 용서하는 사람의 모습이 어떠한지 깨닫게 된다. 용서는 결국 사랑으로 완성된다. 성경은 하나님께서 우리를 용서하셨다고 한다. 하나님은 인간들을 향한 비난을 멈추셨다. 멀어졌던 거리를 좁히기 위해 친히 이 땅에 인간의 몸으로 오셔서 사람과 같이 되셨다. 성경은 하나님의 용서를 사랑이라고 한다. "하나님이 세상을 이처럼 사랑하사"(요 3:16). 하나님의 사랑을 받은 우리는 또한 형제를 용서함으로 사랑해야 한다. "우리는 형제를 사랑함으로 사망에서 옮겨 생명으로 들어간 줄을 알거니와 사랑하지 아니하는 자는 사망에 머물러 있느니라"(요일 3:14). 하나님의 사랑을 받은 사람은 다른 사람을 용서하는 사랑의 삶을 산다. 그러나 하나님의 사랑을 받지 않은 사람은 그의 마음에 사랑이 없기 때문에 용서할 수 없는 것이다. 그래서 사도 요한은 "미워하는 자", "용서하지 않는 자"라고 하지 않고 "사랑하지 아니하는 자"라고 말하고 있는 것이다.

용서는 하나님의 성품이다. 그래서 용서하는 얼굴은 하나님의 얼굴과 같다. 야곱이 형 에서를 속이고 장자권을 빼앗아 외삼촌 라반의 집에서 지냈다. 세월이 지나 고향으로 돌아가야 할 때가 이르렀을 때 그동안 마음 한구석에 묻어두었던 형 에서와의 관계가 떠올랐다. 야곱은 사람을 보내 에서에게 은혜를 구했다. 그런데 에서가 장정 400명을 거느리고 야곱을 만나러 온다는 소식을 들었다. 야곱은 두려움이 엄습해 왔다. 그는 밤을 새워가며 얍복강 건너편에서 하나님께 복을 구하며 하나님의 사자와 씨름했다. 날이 밝자 형 에서를 만나기 위해 야곱은 무리를 뒤로 하고 가장 앞서 나가 일곱 번 엎드려 절했다. 그런데 뜻밖에도 에서는 야곱의 모습이 보이자 달려가서 그를 안았다. 형제가 화해하는 극적인 순간이었다.

야곱이 이르되 그렇지 아니하니이다 내가 형님의 눈앞에서 은혜를 입었사오면 청하건대 내 손에서 이 예물을 받으소서 내가 형님의 얼굴을 뵈온즉 하나님의 얼굴을 본 것 같사오며 형님도 나를 기뻐하심이니이다(창 33:10)

야곱은 자신을 용서해준 형의 얼굴을 '하나님의 얼굴'이라고 한다. 에서의 얼굴이 어떻게 하나님의 얼굴일 수 있겠는가? 붉고 거친 피부와 부드럽지 않은 표정에서 어떻게 하나님의 얼굴을 발견할 수 있단 말인가. 그러나 야곱은 자기를 용서하는 에서의 얼굴에서 하나님을 보았던 것이다. 사랑으로 용서하는 얼굴은 하나님의 얼굴이기 때문이다.

조엘 소넨버그는 20개월 된 평범한 아기였을 때 비극적인 교통사고를 당했다. 몸의 85퍼센트 이상에 3도 화상을 입어 새까맣게 타버린 숯덩어리 같았다. 어린 나이에 수많은 수술을 거쳐야 했던 조엘을 하나님은 기적처럼 살려주셨다. 그런데 사고가 있은 지 18년 뒤 교통사고를 일으킨 범인이 붙잡혔다. 공판이 열리던 날 조엘은 범인에게 이렇게 말했다.

"당신은 저에게서 유년시절을 빼앗아 갔습니다. 그러나 저와 제 가족들을 위한 수많은 사람들의 기도는 빼앗지 못했습니다. 저는 18년 동안 인간이 상상할 수조차 없는 최악의 말과 반응들을 견디며 살아왔습니다. 그러나 지금 저는 당신을 원망하지 않습니다. 당신을 위해 기도합니다. 우리의 주요, 구세주이신 예수 그리스도의 은혜가 한이 없다는 것을 당신이 깨닫게 되기를 기도합니다. 주님께서 우리를 먼저 사랑하셨기 때문에 주님 없는 세상은 무의미하다는 것을 깨닫게 되기를 기도합니다. 저는 증오심으로 제 인생을 허비하지 않을 것입니다. 원망과 절망은 또 다른 고통을 낳을 것이기 때문입니다. 대신 하나님의 은혜 안에 있는 무한한 사랑으로 둘러싸일 것입니다."

겨우 스무 살밖에 되지 않은 젊은이의 신앙고백이었다. 그가 살아온 세월 동안 겪었을 수많은 일들이 그의 고백 속에 묻어 있음을 느낄 수 있다. '저는 증오심으로 인생을 허비하지 않을 것입니다'는 말이 계속 나의 마음에 남았다. 용서하는 마음이 바로 그런 마음일 것이다. 원한을 품으면 하나님께 가는 문은 닫히게 된다. 그는 자신의 마음이 하나님의 사랑으로 가득하길 소원했다. 그러기에 그의 얼굴은 이 세상 사람들이 결코 가질 수 없는 하나님의 얼굴이 되어 있었다.

그래서 용서는 남을 위한 것이 아니라 나를 위한 것이다. 용서는 마음과 성품의 변화를 위한 시작점이 된다. 자기 자신을 용서해야 하는 사람이 있다. 심지어는 하나님을 용서해야 하는 사람도 있다. 용서의 대상이 누구이든 내가 해야 할 일은 용서하는 것이다. 용서하지 않으면 결국 나의 심령이 병들어 고통 가운데 살아갈 수밖에 없기 때문이다. 그런데 용서는 하나님의 선물이다. 하나님의 성품을 소유하고 닮아가려는 사람에게 거저 주시는 은혜의 선물이다. 나는 분노와 복수에 사로잡혀 살 수밖에 없었을 요셉이 용서와 사랑으로 하나님의 뜻을 행하는 사람이 될 수 있었던 비결을 생각해보았다. 요셉에게 일어난 변화는 감옥에 있는 동안 일어났다. 그는 감옥에서 하나님을 만나고 하나님과 교제하는 묵상을 했다. 하나님을 묵상할 때 그의 심령에는 분노와 복수의 마음이 사라지고, 하나님의 성품,

용서하고 끝없이 사랑하시는 하나님의 마음이 가득 차게 되었던 것이다. 그러므로 지금 하나님의 성품을 온전히 닮아가려는 당신에게 필요한 것은 용서의 마음이다. 용서는 우리의 얼굴을 하나님의 얼굴로 변화시켜준다.

성령의 열매 주님의 성품

우리가 묵상을 통해 주님의 성품을 살펴보는 이유는 그분의 성품이 바로 우리가 본받아야 할 모델이기 때문이다. 주님의 마음을 본받기 위해 성령께 순종할 때 성령의 열매들이 맺힐 것이다. 시편 1편의 말씀처럼 하나님의 율법을 즐거워하여 그것을 묵상하면 시냇가에 심은 나무처럼 주님께 뿌리를 내리게 될 것이다. 그 뿌리는 주님으로부터 진액을 받아 줄기까지 흘러가게 하여 시절을 따라 주님의 열매를 맺게 할 것이다.

세상에서는 성공과 출세를 위해 표정을 관리하고 태도와 성격을 바꿀 필요가 있다고 말한다. 성공한 사람들의 모델을 제시하며 그들처럼 자신을 변화시키도록 자극한다. 만약 우리가 묵상을 통한 성품의 변화를 이와 같은 관점에서 생각하고 있다면 그것은 큰 오산이다.

온유한 마음은 주님의 마음

동무들아 이 마음 어서 배워요

예수님이 제일로 사랑하는 마음

어릴 적 참 좋아했던 찬송이다. 이 찬송을 부를 때면 온유한 마음으로 주님의 사랑을 독차지하고 싶은 욕심이 생기곤 했다. 그러나 한 살 두 살 나이가 들고 환경과 관계의 폭이 넓어지면서 온유한 마음이 가장 힘든 마음이라는 생각이 들었다. 본심과 다르게 오해하고 오해받기도 하고, 버럭 화를 내기도 하고, 사람들을 향해 비난과 불만의 화살을 쏘기도 하고…. 그러기에 언제부턴가 온유한 사람이 되게 해 달라는 기도를 항상 첫 번째 제목으로 올려놓게 되었다. 그러나 불쑥불쑥 올라오는 분노와 날카로운 비판과 비난의 말들은 온유한 마음을 품기 위해 그동안 쌓아왔던 노력을 물거품으로 만들곤 했다.

나는 그동안 온유한 마음이란 사람들과의 관계에서 적당하게 부드러운 어조의 말을 하고, 분을 내지 않으며, 언제나 잔잔한 미소를 띄는 모습이라고 생각해왔다. 그래서 속에서 솟아오르는 거룩한 열정마저도 혈기라고 생각하며, 누그러뜨리고 '좋은 게 좋은 것'이라는 식으로 살아가려고 했다. 그런데 온유함이란 그 속에 야생의 열정이 솟구치지만 주인 앞에서는 언제나 온순한 모습으로 서 있으며, 주인의 뜻에 따라 야생의 열정을 불태울 수 있는 모습을 말한다. 사람들 앞에서 온순한 모습으로 그럴듯하게 신사적인 모습을 하고 있는 것이 아니라, 주님께 기꺼이 나의 열정과 의지를 드리고 그분께 가만히 순종하는 모습이 바로 온유라는 것이다. 이렇게 온유함에 대해 새롭게 묵상하게 되자, 나의 기도는 달라지기 시작했다. 나는 주님께 순종하는 야생마가 되게 해 달라는 기도를 드리게 되었다. 이제는 온유함을 흉내 내는 삶이 아니라 주님께 순종함으로 진정 온유하고 겸손한 삶을 살아가겠다는 다짐을 하게 되었다.

성경은 주님의 마음과 성품에 대한 이야기로 가득하다. 인자, 성실, 자비, 긍휼, 겸손, 온유, 사랑, 오래 참음, 충성, 신실…. 이 모든 성품은 지속적인 변화를 꿈꾸며 기도하고 실천해야 할 것들이다. 이러한 성품에 대한 말씀들을 바르게 적용하려면 본문에 나타난 하나님을 묵상해야 한다. 우리는 하나님의 형상으로 지음 받은 존재이므로 우리 형상의 원조이신 하나님을 묵상하며 하나님의 성품에 비추어 자신을 성찰할 수 있어야 한다. 하나님의 말씀은 하나님 앞에서 자신을 비춰보는 거울과 같다. 그러므로 하나님이 어떤 분이신지 바르게 이해하지 못한다면 결코 하나님의 형상이 지닌 성품을 회복할 수 없다.

육체의 욕심을 구하지 않으려면 성령의 말씀으로 자신을 채워야 한다(갈 5:16-23). 하나님의 말씀으로 가득 차면 말씀의 열매가 맺힌다. 말씀의 열매, 곧 성령의 열매가 바로 사랑, 희락, 화평, 오래 참음, 자비, 양선, 충성, 온유와 절제와 같은 성품의 열매다. 나의 열매가 아니라 성령의 열매라는 사실을 기억해야 한다. 성령께서 우리의 삶에 역사하실 때 맺히는 열매가 바로 성령의 열매다. 그래서 삼위 하나님 중 한 분이신 성령 하나님의 열매를 맺는 사람은 그의 얼굴이 하나님의 얼굴을 닮아 있는 것이다.

성품, 장거리 경주를 시작하자

한 사람의 성품이 그리스도의 성품으로 변화되는 과정은 단거리 경주가 아니라 마라톤이다. 오랜 시간에 걸친 인내가 필요한 과정이다.

성품의 변화를 위한 첫 단계는 자기 성찰이다. 영혼의 거울인 하나님의 말씀을 통해 자신을 돌아볼 수 있어야 한다. 다음의 구절들은 자신을 돌아보는 데 유익하다.

이로써 그 보배롭고 지극히 큰 약속을 우리에게 주사 이 약속으로 말미암아 너희가 정욕 때문에 세상에서 썩어질 것을 피하여 신성한 성품에 참여하는 자가 되게 하려 하셨느니라 그러므로 너희가 더욱 힘써 너희 믿음에 덕을, 덕에 지식을, 지식에 절제를, 절제에 인내를, 인내에 경건을, 경건에 형제 우애를, 형제 우애에 사랑을 더하라(벧후 1:4-7)

그러므로 너희는 하나님이 택하사 거룩하고 사랑 받는 자처럼 긍휼과 자비와 겸손과 온유와 오래 참음을 옷 입고 누가 누구에게 불만이 있거든 서로 용납하여 피차 용서하되 주께서 너희를 용서하신 것같이 너희도 그리하고 이 모든 것 위에 사랑을 더하라(골 3:12-14)

이러한 말씀을 묵상할 때 우리가 주의해야 할 것은 단순히 긍휼이 많고, 자비롭고, 주제넘지 않고, 잘 참는 사람이 되기를 바라는 정도에서 그치지 말아야 한다는 것이다. 우리 안에 긍휼과 자비와 인내를 부추기는 것과 방해하는 것을 알아내야 한다. 이를 위해 먼저, 하나님의 성품을 닮아가는 데 있어 방해되는 것들을 찾아내 제거해야 한다. 달라스 윌라드는 자기성찰의 중요성에 대해 다음과 같이 강조한다.

그리스도를 믿는다고 하면서 그분을 닮은 모습으로 성장하지 않는 사람들의 가장 분명한 한 가지 특징은, 오랜 세월에 걸쳐 효과가 검증된 타당성 있는 영적 성장의 대책들을 거부한다는 것이다. 영적으로 냉담하고 혼란스럽고 빈곤하고 무기력한 사람치고 이런 영적인 연습들을 꾸준히 활용하는 사람을 나는 거의 본 적이 없다.

자신을 돌아보는 자기 성찰의 훈련 없이는 자기 변화를 경험하기 어렵다는 사실을 기억하자. 날마다 주어진 말씀을 묵상하는 가운데 자기를 돌아보는 성찰의 시간을 가질 수 있기를 바란다.

그다음, 옛사람의 습성을 버려야 한다. 사도 바울은 유혹의 욕심을 따라 썩어져가는 구습을 따르는 옛사람을 벗어버리라 (엡 4:22)고 말한다. 땅에 있는 지체(골 3:5)를 죽이기 위해서는 금욕의 계획을 세워야 한다. 먼저, 회개해야 한다. 이는 죄와 하나님과 그리스도와 자신의 삶을 예전과 달리 생각하는 것을 말한다. 익숙했던 과거의 말과 생각과 감정과 행동에서 돌아서는 것이다. 특별히 죄에서 돌아서야 한다. 묵상 중에 자신의 죄를 뉘우치며 울어야 한다. 우리의 죄가 그토록 크다는 사실을 깨닫고 의에 주리고 목마른 심령이 되어야 한다. 다음으로 마음의 변화이다. 거듭나지 않은 사람은 세상의 헛된 마음과 가치관을 따라 살아간다. 그런 사람에게 진정한 회개의 마음은 변화를 일으킨다. 심령에 가득했던 망령되고 허탄한 생각과 옛사람의 습성을 비우고 주님의 마음을 채우고 싶어 하는 상태로 바뀌는 것이다. 그래서 성경은 어떻게 마음의 변화를 일으킬 수 있는지에 대해 말씀한다.

> 그러므로 너희는 하나님이 택하사 거룩하고 사랑 받는 자처럼 긍휼과 자비와 겸손과 온유와 오래 참음을 옷 입고(골 3:12)
>
> 사랑하는 자들아 거류민과 나그네 같은 너희를 권하노니 영혼을 거슬러 싸우는 육체의 정욕을 제어하라(벧전 2:11)
>
> 너희 안에 이 마음을 품으라 곧 그리스도 예수의 마음이니(빌 2:5)

존 맥아더는 "그리스도 앞에 나오고도 이 세상과 단절하려는 의식적인 노력을 하지 않는다면, 자신이 진정으로 구원받았는지 자문해보아야 한다"고 했다. 세상을 버리지 않고도 그리스도 앞에 나올 수 있다는 말은 거짓이다. 삶의 변화가 있어야 한다. 우리는 끊임없이 내면의 변화를 일으키시는 성령을 의지해야 한다. 성령께서는 하나님의 모든 충만하신 것으로(엡 3:19) 힘을 주셔서 우리가 하나님을 닮은 성품이 되게 도우실 것이다.

마지막으로 그리스도께 순종해야 한다. 변화에 대한 소원을 가졌다면 예수 그리스도께 순종하려는 굳건한 의지를 가져야 한다. 내적인 변화는 언제나 순종을 통해 일어난다. 하나님을 더 많이 알수록 그분이 우리가 어떤 존재가 되기를 원하시는지 더 많이 이해할 수 있다. 그러므로 모든 성도가 최우선에 두어야 할 것은 하나님을 아는 일이다(빌 3:10). 하나님을 아는 일은 성경에 계시된 하나님의 성품을 묵상하고 깨달은 대로 순종할 때에만 가능하다. J. C. 라일은 '은혜 안에서 자란다'는 말이 무슨 뜻인지 다음과 같이 설명한다.

은혜 안에서 자란다는 말은, 성령님께서 신자의 마음속에 심어주시는 '은혜'의 영역에서 그 정도와 규모, 힘과 활력, 능력이 자란다는 뜻이다. 은혜 안에서 자라는 신자는 죄에 대한 감각이 더 심오해지고, 믿음이 더 강해지며, 소망이 더 밝아지고, 사랑의 범위가 더 넓어지며, 영적인 것에 대한 관심이 더 두드러진다. 그는 지속적으로 더욱 큰 능력을 얻고, 더 큰 믿음을 소유하며, 더 다양한 은혜를 경험한다.

은혜 안에서 자라는 과정을 J. I. 패커는 또한 거룩함이라고
한다.

거룩함이란 무엇보다도 좋은 습관을 정착시키고 나쁜 습관을 버리
며 죄를 지으려는 유혹을 떨쳐버리고 죄를 짓게 하는 충동이 몰려
올 때 자신을 통제하는 것이다. 오랫동안 우리 안에 있었던 성향과
강력한 욕구와 습관들을 거스르는 것이다. 거룩함은 외면적으로 순
종이며 내면적으로 행위를 통해 표현된 사랑이다. 하나님에 대한
사랑이 내가 그분께 순종하도록 자극하여 진정한 거룩함에 이르게
한다.

그러므로 순종 없는 변화는 없다. 묵상 중에 깨달은 말씀에
자신을 복종시킬 때 거룩한 성품, 하나님의 성품을 닮아가게
될 것이다.

7장

하나님의 생각을 읽자

지도가 아니라 나침반이 필요하다

엄마 뱃속에 막 잉태된 아기에게 천사가 찾아왔다. 아기가 뱃속에 머무르는 9개월 동안 천사는 매일 찾아와 똑같은 이야기를 반복해 들려주었다. 아기가 태어났을 때 기다리고 있을 멋진 운명을, 어떤 재능을 갖게 되고 어떤 선물을 받을지, 이 세상에서 무언가를 이뤄 내야 할 때나 어려움을 만날 때 극복할 수 있는 방법을, 그리고 자신의 삶을 사는 동안 타고난 성격을 이용해 행복을 찾는 방법을 매일 일러주었다.

마침내 엄마의 자궁이 움츠러들기 시작하고 탄생의 순간이 시작되자, 천사는 마지막으로 아기에게 찾아왔다. 아기가 막 세상에 나가기 직전, 천사는 아기의 귀에 이렇게 속삭였다.

"이제 너는 내가 해준 모든 이야기를 잊어버릴 거야."

유태인들 사이에 전해 내려오는 이야기다. 태아였을 때부터 자신의 운명을 어떻게 개척하고 실현시켜나갈지 배우지만, 세상에 나가서는 모든 것을 잊어버리게 된다는 이야기는 참 공감이 된다. 그래서 사람들은 잊어버린 자신의 마스터플랜에 관심이 많다. 자신의 운명을 그려놓은 지도를 갖고 싶어한다. 자신의 운명에 대해 말해주는 곳이 있으면 당장 가서 듣고 싶은 것이 사람의 심리다.

지도자의 자질에 대한 강의를 들어보면 리더에게는 대체로 두 가지 도구가 필요하다고 한다. 첫 번째는 '지도'(map)다. 한마디로, 인생의 마스터플랜을 그려보라는 것이다. 성공으로 가는 길을 알려주는 지도를 소유할 때 성공할 수 있다는 것이다. 이를 위해 성공적인 삶을 살았던 사람들의 인생 지도를 살펴보고 자신만의 인생 지도를 그려보라는 것이다. 그렇게 지도를 가졌다면 이제 두 번째로 '자'(ruler)가 있어야 한다. 자신이 지금 어느 수준에 도달했는지 스스로 평가할 수 있는 아주 객관적이고 정확한 자가 있어야 한다는 것이다. 성공적인 리더가 되려면 좋은 지도와 정확한 자를 준비하면 된다고 한다. 그런데 정말 지도와 자만 있으면 가능할까? 과연 세상에서 내가 계획한 지도대로, 자신에게 주어진 운명이라는 이미 정해진 노선대로 살아가는 사람이 얼마나 될까?

살아갈수록 깨닫는 것은 언제나 최종 결과를 얻기보다는 과정 중에 있다고 느끼는 것이 인생이라는 것이다. 그래서 어떤 이는 인생이란 산을 오르는 것이 아니라 사막을 걷고 있는 것과 같다고 한다. 산을 오를 때는 정확한 지도가 요긴하지만, 사막에서 지도는 때로 무용지물이 된다. 산봉우리에는 이름이 있지만 사막에서 만나는 모래언덕에는 이름이 없다. 만약 어떤 사람이 사막을 가로지르는 길을 정확하게 그리기 위해 도로 옆에 생긴 모래언덕에 이름을 지어 지도에 기록했다고 하자. 지도에 기록한 이름을 인쇄한 잉크가 채 마르기도 전에 그 지도는 이미 구식이 되어 못 쓰게 될 것이다. 사막의 모래언덕은 수시로 바뀌기 때문에 사막을 여행하는 데 있어서 지도보다 더 중요한 것은 나침반이라고 한다. 스티브 도나휴는 인생에서 나침반의 중요성에 대해 다음과 같이 말한다.

보통 나침반은 방향만 가리킨다. 동서남북은 우리가 도달해야 하는 목적지가 아니라 여행할 방향이다. 내면의 나침반 역시 똑같아서, 목적지를 알려주지 않고 단지 우리에게 방향 신호만 보낼 뿐이다. 나침반은 내가 어디 있는지 갈피를 잡지 못하던 순간에도 계속 올바른 방향으로 움직이도록 도와주었다.

그래서 지도보다는 나침반을 따라가는 것이 훨씬 의미 있는 일이다. 하지만 올바른 방향을 찾는 것은 쉬운 일이 아니다.

그는 지구 내부 자성의 근원에서 나오는 힘에 의해 나침반이 움직이듯 인간의 내면, 존재의 중심 깊은 곳에서 발산되는 숨겨진 에너지에 반응하는 것이 바로 나침반의 역할이라고 한다. 깊은 내면의 중심에서 나오는 신호를 수신하고, 해석하고, 반응하기 위해서는 매일 나침반을 따라 올바른 방향으로 나아가야 한다는 것이다. 그리고 그럴 때 진정 자신이 누구인지, 어떻게 세상에 기여하는 삶을 살게 될 것인지 분명히 알게 된다고 말한다.

우리가 성경을 읽고 묵상하는 이유는 인생의 지도를 얻기 위함이 아니라, 인생의 나침반이 가리키는 방향을 알기 위해서다. 예수 그리스도를 믿고 하나님의 자녀가 된 순간부터 우리 안에는 강력한 자성의 근원이신 주님이 계신다. 성경은 끊임없이 우리를 세상이 아니라 주님을 향해 방향을 설정하도록 이끈다. 성경은 하나님께서 우리 인생에게 주신 영적 나침반이다. 바울은 디모데에게 인생의 나침반을 굳게 붙잡을 것을 당부했다.

그러나 너는 배우고 확신한 일에 거하라 너는 네가 누구에게서 배운 것을 알며 또 어려서부터 성경을 알았나니 성경은 능히 너로 하여금 그리스도 예수 안에 있는 믿음으로 말미암아 구원에 이르는 지혜가 있게 하느니라 모든 성경은 하나님의 감동으로 된 것으로 교훈과 책망과 바르게 함과 의로 교육하기에 유익하니 이는 하나님의 사람으로 온전하게 하며 모든 선한 일을 행할 능력을 갖추게 하려 함이라(딤후 3:14-17)

하나님의 말씀인 성경은 그리스도인에게 사막의 나침반 역할을 한다. 성경은 길을 잃었을 때 방향을 가르쳐주고, 인생의 사막 너머에 계시는 주님께 인도하기 위해 더 깊은 사막으로 안내하기도 한다. 그리고 그 과정에서 구원의 여정을 즐기는 삶을 살아가게 한다. 성경은 우리의 미래에 대해 말씀한다. 그러나 몇 년 뒤에 무엇이 되고, 어떻게 살고 있을 것이라는 식으로 말씀하지는 않는다. 시편 기자는 하나님의 말씀이 우리의 길을 인도해주는 범위를 다음과 같이 설명한다.

주의 말씀은 내 발에 등이요 내 길에 빛이니이다(시 119:105)

자동차의 헤드라이트처럼 지금 내딛는 발 앞을 비추는 것이 하나님의 말씀이다. 그러므로 성경은 어둠 가운데 한걸음을 어떻게 내딛어야 할지 방향을 제시하는 것이다.

앞에 있는 것을 잡으려고 푯대를 향하여 그리스도 예수 안에서 하나님이 위에서 부르신 부름의 상을 위하여 달려가노라(빌 3:14)

사도 바울은 우리가 바라보아야 할 방향은 바로 푯대 되신 그리스도임을 분명하게 말하고 있다. 그리스도는 분명 인생의 나침반이 되신다.

내가 달려갈 길과 주 예수께 받은 사명 곧 하나님의 은혜의 복음을
증언하는 일을 마치려 함에는 나의 생명조차 조금도 귀한 것으로
여기지 아니하노라(행 20:24)

얼마 전 사도행전을 묵상하다가 나를 멈추어 서게 만들었던
말씀이다. 나의 목적지가 어딘지 다시 한 번 생각하도록 도전
을 주었던 말씀이다. 사도 바울은 은혜의 복음을 전하는 일을
하다가 죽는 것이 자기 인생의 목적이라고 말했다. 사람들이
찾아와서 예루살렘으로 가는 것은 죽으러 가는 일이라고 하며
그들이 보았던 환상에 대해 말해주었으나, 사도 바울은 요동치
않았다. 오히려 당연한 일이라고 생각했다. 왜냐하면 예수님이
그런 일을 하다가 십자가에서 돌아가셨기 때문이다. 푯대 되신
예수님이 많은 사람들을 위해 자기 몸을 내어 주셔서 사명을
완수하셨던 것을 생각했다.

이는 내게 사는 것이 그리스도니 죽는 것도 유익함이라(빌 1:21)

사도 바울은 인생의 큰 목적지를 향해 자기의 나침반을 맞추
고 그 방향을 향해 걷는 삶을 살았다.
앞으로 내가 몇 평짜리 집에 살 것이냐, 또 어떤 직장에서 어
떻게 성공할 것이냐가 우리 인생의 목적지가 될 수 없다. 세상
사람들의 이야기에 귀가 솔깃해져서 우리 목적지의 방향을 잃

지 않아야 한다. 나침반이 가리키는 곳에 정북(N)을 맞추어야지 세상 사람들의 허황된 욕심과 각종 허탄한 성공신화에 우리의 마음을 빼앗겨서는 안 된다. 하나님의 말씀은 내가 바른 길을 가고 있는지 돌아보게 만든다. 그리고 바른 방향으로 우리 삶을 조정하도록 이끈다. 주님의 말씀을 의지하여 한걸음 한걸음 나아갈 때 인생이라는 사막에서 방향을 잃지 않고 바른 길을 가게 될 것이다. 뿐만 아니라 주님을 향해 방향을 설정하고 걷는 가운데 예기치 못했던 즐거움도 만끽하게 될 것이다. 그때 우리는 지금 걷고 있는 신앙의 길이 진정 즐겁고 행복한 길임을 깨닫게 될 것이다.

하나님의 생각을 읽어라

하나님을 사랑한다는 것은 우리 삶에서 하나님을 모든 것의 주인으로 섬긴다는 뜻이다. 하나님은 모든 만물을 만드시고 그 만물을 돌보신다. 피조물에 불과한 우리가 삶에서 조금이라도 하나님께 맡기지 못하는 부분이 있다면, 그 영역은 사탄과 한편이 되어 하나님에 대한 악한 반역에 가담하는 것이나 마찬가지다. 물론, 조금은 지나친 표현일 수 있지만 신앙의 회색지대, 중간지대란 없기 때문이다. 하나님의 다스림에 자신을 온전히 맡기지 않으면 언젠가 죄의 유혹에 넘어갈 수밖에 없다. 하나님을 사랑한다는 것은 하나님의 생각을 소유한다는 말이다. 하나님의 생각에 자신의 생각을 맞추겠다는 말이다. 생각에서 삶에 이르기까지 모든 소유권을 하나님께 내어드리는 것이다. 소유권을 내어드렸으니 당연히 내 인생의 통치자는 하나님이시다. 내 인생의 모든 영역이 그분에게 양도되면 근본적으로 재구성될 것이다. 그때 놀라운 변화가 일어난다. 플로이드 맥클랑은 이 변화에 대해 "모든 것에 대한 시각이 달라지고 인생과 교회와 하나님과 정치, 선교와 내가 몸담고 사는 세상을 바라보는 시선에 변화가 일어나는 것"이라고 한다. 그는 계속해서 도전한다.

그분께 모든 것을 양도할 준비가 되었는가? 또한 인생에서 중요한 모든 것에 대한 가치와 신념을 재고할 자세가 되었는가? 예수님을 인생의 주님으로 모신다는 것은 이성을 대하는 자세, 가난한 이웃들을 향한 태도, 직장, 다른 인종, 정치 등 모든 것에 대한 태도를 적극적으로 뜯어고치기 위해 시간을 투자한다는 뜻이다.

그저 하나님을 믿는다는 말로는 충분치 않다. 생각에서부터 변화가 일어나야 진정한 믿음생활을 할 수 있다. 자신의 야심과 계획과 기호를 그대로 간직한 채 하나님을 섬길 수는 없다. "주의 나라가 임하옵시고 주의 뜻이 하늘에서 이루어진 것같이 땅에서도 이루어지이다"라는 예수님의 기도는 오늘 우리의 변화는 생각에서부터 시작되어야 함을 가르쳐준다.

예수 그리스도를 믿음으로 구원받아 하나님의 자녀가 되고 나면 제일 먼저 생기는 관심이 있다. 그것은 하나님의 생각에 대한 관심이다. 자신의 삶에 일어나는 크고 작은 일에 대한 하나님의 생각을 알고 싶다. 순종의 문제를 떠나 일단 하나님의 생각이 궁금하다. 그렇다면 하나님의 생각을 알 수 있는 좋은 방법은 무엇인가?

첫 번째는 하나님의 생각으로 가득한 책, 성경을 읽는 것이다. 하나님의 생각이라는 관점에서 성경을 읽어가다 보면 성경의 인물들을 통해 보여주시고 들려주시는 하나님의 생각을 발견할 수 있다. 자기 욕심대로 살아가는 야곱을 향해 하나님이 어떤 생각을 가지고 계셨는지, 다윗의 열정과 헌신에 대해 하나님은 어떤 생각을 하시는지, 패역한 이스라엘을 향한 하나님의 생각, 선지자들의 핍박과 메시지를 통해 들려주시는 하나님의 생각, 그리고 예수 그리스도와 초대교회 성도들의 삶을 통해 들려주시는 하나님의 생각을 읽어야 한다. 뿐만 아니라 믿음, 지혜, 순결, 자비, 은혜, 순종, 헌신, 사랑, 소망, 선과 악, 심판, 종말에 대한 하나님의 생각을 읽어야 한다. 성경을 읽을 때 이러한 하나님의 생각을 발견하게 되고, 하나님의 생각과 나의 생각을 비교하며 묵상할 때 하나님의 생각에 자신의 생각을 맞추는 영적 교정이 일어나는 것이다. 성숙한 그리스도인의 표지는 자신의 생각보다 하나님의 생각에 지배를 받는데 있다(고후 10:4-5, 롬 8:5-6).

하나님의 생각을 알 수 있는 두 번째 방법은 기도하는 것이다. 우리는 기도를 통해 하나님의 음성을 듣게 되고, 하나님과 대화하는 가운데 하나님의 생각을 경험적으로 알게 된다. 단순한 지식과 경험을 통해 습득한 지식의 차이는 크다. 경험한 지식은 자신의 삶에 체화된 지식이다. 기도는 하나님을 경험하는 시간이요, 하나님과 교제하는 시간이다. 우리는 기도시간에 하나님께 물어야 한다. 하나님의 관심과 사랑의 대상, 그리고 계획에 대해 물어야 한다. 기도는 하나님의 뜻을 묻는 시간이다. 하나님의 생각과 우리의 생각을 함께 나누는 시간이다. 기도는 내가 하나님을 설득하고, 하나님께 설득당하는 시간이다. 그 결과 우리는 하나님의 분명한 뜻과 생각을 깨닫고 순종하게 된다.

하나님의 생각을 알고 싶다면 말씀을 읽어라. 읽은 말씀을 가지고 하나님께 묻고 답하고 대화하는 기도를 하라. 이렇게 말씀을 읽고 기도하는 것, 그것이 바로 묵상이라고 했다. 묵상이야말로 하나님의 생각을 읽는 가장 좋은 방법임을 잊지 말아야 한다.

시대를 향한 하나님의 생각을 읽어라

보라 하나님의 뜻대로 하게 된 이 근심이 너희로 얼마나 간절하게 하며 얼마나 변증하게 하며 얼마나 분하게 하며 얼마나 두렵게 하며 얼마나 사모하게 하며 얼마나 열심 있게 하며 얼마나 벌하게 하였는가 너희가 그 일에 대하여 일체 너희 자신의 깨끗함을 나타내었느니라(고후 7:11)

고린도 교인들은 경건한 슬픔으로 인한 삶의 변화를 경험하고 있었다. 사도 바울은 간절함, 변증, 분노, 두려움, 사모, 열심, 징벌의 일곱 가지 삶의 태도에 대한 변화가 일어났다고 한다. 이러한 단어들은 당시 교회를 어지럽혔던 이단과 훼방하는 자들 사이에서 겪어야 했던 일과 관련된 단어들이다. 이단과의 싸움을 통해 그들은 이전보다 더 간절하고 진지한 신앙생활을 하게 되었고, 주님과 하나님의 말씀을 더욱 사모하는 삶을 살게 되었다. 뿐만 아니라 그들은 자신과 다른 사람들을 위해 눈물을 흘리는 삶을 살게 되었다. 말씀을 묵상하다가 오늘날 한국교회가 잃어가는 것 중에 하나가 이런 눈물이 아닐까 하는 생각을 해보았다.

지난 2007년은 한국교회에 특별한 해였다. 1997년의 평양대부흥의 역사를 재현하자는 소리가 드높았다. 곳곳에서 부흥을 열망하는 외침이 드높았다. 그런데 부흥을 갈망하는 그곳에 자신과 민족을 두고 하나님 앞에서 흘리는 회개의 눈물이 없었다. 평양대부흥은 눈물에서 시작되었음을 우리는 잘 알고 있다. 언제나 성령의 역사는 애통하며 회개하는 마음에서 시작되었다. 여기저기서 부흥, 부흥하며 떠들었지만 정작 뜨거운 눈물이 없었던 것이다. 그런데 더욱 안타까운 것은 눈물이 없는 부흥의 자리에 남은 것이라고는 한국교회를 향한 비난과 세상의 조롱이었다. 섬기고 나누고 베풀어야 할 교회가 자기들의 배만 불린다는 것이다. 교회를 향한 세상의 비난에 대해 그 내용을 모두 수긍하는 것은 아니다. 그렇지만 세상이 교회를 비난하는 이유를 우리는 분명히 알아야 한다.

세상이 왜 그토록 교회를 비난하는지 기도하며 묵상해보았다. 그때 주님께서 깨닫게 해주신 것이 있다. 세상 사람들은 아는데 그리스도인들은 모르고 있는 두 가지 깨달음이다. 첫째, 세상 사람들은 그리스도인이 정직해야 한다는 생각을 갖고 있다. 그래서 그리스도인을 판단할 때 얼마나 정직한가로 판단한다. 그런데 정작 그리스도인은 늘 죄인이라는 생각과 은혜라는 명분 때문에 정직을 중요하게 생각하지 않는다. 둘째, 교회는 무조건적으로 사랑을 베풀어야 한다는 생각이다. 세상 사람들 중에 자기는 비록 자기 욕심을 좇아 살아가지만 교회는 그래서는 안 된다는 잣대를 가진 사람들이 있다. 이렇게 우리를 향한 세상 사람들의 기대는 마땅히 교회가 해야 할 일을 하지 않고 있는 그리스도인과 교회를 향한 경고의 메시지였다. 이 두 가지를 묵상하다가 오늘날 한국교회의 모습이 마치 예수님께서 비유하신 그때와 너무도 닮았다는 생각에 한참을 울며 한국교회를 위해 기도했다.

비유하건대 아이들이 장터에 앉아 서로 불러 이르되 우리가 너희를
향하여 피리를 불어도 너희가 춤추지 않고 우리가 곡하여도 너희가
울지 아니하였다 함과 같도다(눅 7:32)

사람들은 우리를 향해 왜 하나님의 마음을 가지고 세상을 위
해 울지 않냐고 방송과 인터넷에서 떠들어 대는데 우리는 악하
고 병든 세상을 외면한 채 "긍정의 사람이 되라" 하고, "자기
를 사랑하라" 하며 자기 만족을 추구하고 있다는 생각에 너무
부끄러웠다. 오늘날 기독교를 향해 던지는 세상의 소리가 혹시
우리를 일깨우려는 하나님의 소리는 아닐까? 이러한 현실 속에
서 우리는 어떤 삶을 살아야 할까?

세례 요한은 사람들에게 회개에 합당한 삶을 살라고 외쳤다
(눅 3:10-14). 광야에서 주의 길을 예비할 때 백성들이 나와서 회
개의 세례를 받은 뒤 그에게 물었다.

"그러면 우리가 어떻게 살면 좋겠습니까?"

이에 세례 요한은 회개에 합당한 삶이 무엇인지 예를 들어
설명한다. 그는 먼저 나누어주는 삶을 살 것을 당부한다. 옷 두
벌이 있다면 옷 없는 사람에게 나누어주라는 것이다. 다음으
로 세리들에게 세금을 거둘 때 욕심을 내어 더 걷지 말고 정해
진 것으로 만족하는 삶을 살 것을 당부한다. 욕심에 이끌려 다
른 사람들을 힘들게 하는 삶을 살지 말라는 것이다. 군인들을
향해서는 자기의 지위를 이용해서 남의 것을 강탈하지 말라고

한다. 회개에 합당한 삶은 개인의 경건에 머물지 않고, 삶의 현장에서 만나는 사람들에게 영향을 끼치는 것이다. 이것은 오늘 우리에게도 동일하게 필요한 말씀임을 잊어서는 안 된다.

나는 앞에서 시대를 향한 하나님의 생각을 읽고 경건한 삶을 살아가기 위해서는, 성경과 세상을 향한 '이중적 귀기울임'이라는 균형 잡힌 묵상이 필요하다고 했다. 성경을 묵상하다 보면 하나님의 생각을 많이 알게 된다. 그렇게 하나님의 생각을 많이 알게 된 사람은 하나님의 관점에서 세상을 바라보고 생각하게 된다. 이것을 성경적 세계관이라고 한다. 흔히 세계관을 안경에 비유하곤 하는데, 어떤 안경으로 세상을 보느냐에 따라 관점이 달라지기 때문이다. 묵상을 통해 하나님의 생각을 많이 알게 되면 성경적으로 세상을 바라보는 관점이 생기는데, 성숙하고 온전한 그리스도인은 성경적 관점 즉 하나님의 관점에서 자신과 세상을 보고 시대를 읽어낸다. 성경적 세계관이라는 안경을 통해 세상을 보기 시작하면 하나님의 일하심이 보인다. 우리나라 안에서 일어나고 있는 사건과 사고들, 세계 각처에서 일어나고 있는 재난과 전쟁과 기근의 소식을 통해 하나님의 일하심을 읽을 수 있고, 하나님께서 관심을 두고 계신 곳이 어디인지 보인다. 그렇게 하나님의 생각을 알아가고, 그 생각을 소유하면, 자연스럽게 하나님의 생각을 좇아 비전을 세우고 시대를 향한 사명을 발견하게 되는 것이다.

생각의 변화, 성령을 의지하면 쉬워진다

2010년 캐나다 동계올림픽 금메달리스트인 이상화 선수가 초등학교 때 쓴 일기에는 이런 내용이 있다.

"나쁜 천사는 더 자라고 소리치고, 착한 천사는 빨리 일어나서 운동 가라고 한다. 매일마다 천사들이 싸우니 지긋지긋하다. 개네들이 싸우지 않게 벌떡 일어나야겠다."

아이의 일기에서 나는 여태껏 들어보지 못한 신선한 표현을 발견했다. 내면의 갈등을 천사와 악마의 싸움이라고 하는 대신 천사와 천사 간의 싸움이라고 표현한 점이다. 내면에 악마가 있다고 느끼면 당연히 거부할 것이다. 그런데 어린 이상화는 자신의 모든 욕구를 천사로 여겼다. 초등학생의 순진한 생각처럼 보이는 표현 속에서 깨닫게 되는 것이 있다. 선과 악의 문제라면 누구나 선을 택할 것이다. 성령의 생각과 사탄의 생각을 구별해 내는 것이라면 그렇게 힘들어 할 필요가 없을 것이다. 문제는 성령을 따르려는 생각과 자신의 생각 사이에서 갈등하는 것이다. 누구도 자신의 생각을 사탄이 주는 생각으로 여기지 않는다. 인간적인 생각을 모두 사탄의 생각으로 간주해서는 안 된다. 그래서 성령을 따르려는 생각과 자신의 생각 사이에서 갈등이 생기는 것이다. 두 생각 사이의 갈등을 두 천사가 서로 싸우는 것으로 표현한 것은 비록 초등학생의 생각이지만 정확한 표현이라는 생각이 든다.

우리는 6일간 세상 속에서 살아간다. 세상에서 듣는 수많은 이야기는 하나님을 의지하지 않고도 얼마든지 성공할 수 있다는 이야기뿐이다. 반면 하나님을 의지해서 성공했다는 이야기는 주일예배 설교를 통해 한 번 듣는 것이 고작일 때가 많다. "하나님은 내 삶의 주인이시요 인도자이시다"라는 말보다는 "나는 내 운명의 주인이요 내 영혼의 선장이다"라는 말에 귀가 더 솔깃해지는 것이 사실이다. 이러한 세상 속에서 성경적 가치관을 가지고 흔들리지 않는 삶을 살아가려면 성령의 도우심이 필요하다. 성령은 육신의 생각을 영의 생각으로 바꾸어주시는 분이다.

고린도전서 2장 10절에서는 성령을 하나님의 깊은 것까지도 통달하시는 분으로 소개한다. 하나님의 깊은 생각을 소유하려면 성령께서 도와주셔야 한다. 따라서 우리는 성경말씀을 묵상함으로 하나님의 생각을 소유하기 원한다면 철저하게 성령을 의지해야 한다.

> 내가 이르노니 너희는 성령을 따라 행하라 그리하면 육체의 욕심을 이루지 아니하리라(갈 5:16)

사도 바울의 권면은 분명하다. 육체의 생각에 사로잡혀 살아가지 않는 방법은 성령을 따라 행하는 것이다. 그렇다면 어떻게 해야 성령을 따라 행하는 삶을 살 수 있는가? 성령의 생각을 따르기 위해서는 하나님의 말씀을 많이 묵상해야 한다. 묵상을 통해 말씀이 우리의 생각과 영혼에 머물고, 하나님의 임재를 경험한다.

존 오트버그는 "성령은 언제라도 하나님이 생각하시는 최고의 상태로 나를 인도하실 준비가 되어 있으신데 내가 인도받기를 싫어할 때가 많다"고 한다. 그는 계속해서 "성령 충만에 의해 생각의 흐름이 변화되지 않은 채 의지력만으로 감정을 변화시키려는 것은 지하 공간에 스컹크가 계속 살게 내버려 둔 채 집안에서 나는 스컹크 냄새를 없애려는 것과 비슷하다"고 한다.

하나님만이 우리의 사고방식을 변화시켜 주실 수 있다. 이를 위해서는 우리 마음에 자리하고 있는 생각의 흐름을 자각하는 법을 배워야 한다. 묵상을 통해 나의 생각과 하나님의 생각을 구별해보는 노력이 필요하다. 이것을 자기 성찰 훈련이라고 한다. 다음으로는 성령께 주파수를 맞추기로 마음을 정해야 한다. 주파수를 맞추고 음성을 듣는 시간이 바로 묵상하는 시간이다. 마음속에서 거듭 생각을 회전시키는 묵상을 통해 성령은 우리의 마음에 그림을 그려주신다. 선을 행하는 나의 모습, 분노가 일어나는 순간 어떻게 분노를 삭이고 오히려 선을 행할 수 있을지, 일상생활에서 만나는 사람들 속에서 어떻게 하나님의 이름을 높일 수 있을지, 선교를 위해 어떤 일을 하면 좋을지 생각의 그림을 그려주신다. 그리고 그 그림들이 실제 상황이 되도록 계획을 세우게 도와주신다.

생각과 태도의 변화를 일으키는 적용

우리는 성령으로 거듭난 때를 정확하게 파악할 수는 없다(요 3:8). 뭔가가 흔들리고, 시원한 느낌이 오기 때문에 바람이 불고 있는 줄 아는 것처럼, 영적으로 거듭나는 일도 성도의 삶에 일어난 변화로 알 수 있을 뿐이다. 그러므로 중요한 것은 언제 거듭났느냐보다 지금 그의 삶에 지속적인 변화가 일어나고 있느냐에 있다. 영적으로 거듭난 사람에게는 변화의 바람이 분다.

이 변화는 내적인 변화이다. 증오심으로 가득했던 사람이 사랑의 종 노릇을 하게 되는 변화이다. 내면에 이기심으로 가득한 사람이 가정과 일터와 사회를 위해 헌신하는 변화이다. 그러한 변화는 자기 목적을 위해 수단과 방법을 가리지 않던 사람이 진리 안에서 바른 판단을 하고 하나님의 나라와 영광을 위해 살아가려고 애쓰는 삶을 살게 되는 변화이다.

무엇보다 큰 변화는 시각의 변화이다. 자신의 삶이 달리 보이고 가족과 세상이 달리 보이게 된다. 이것을 가치관의 변화, 세계관의 변화라고 한다. 그래서 신앙은 아는 것이 아니라 보는 것이다. 영적인 눈으로 세상을 바라보면서 지금도 쉬지 않고 일하시는 하나님을 보는 것, 또 믿음의 눈으로 하나님께서 행하실 일을 보는 것이다. 아무리 성령의 은사가 많이 나타나고, 능력이 나타난다 할지라도 하나님의 일하심을 보는 눈이 부족하다면 성숙한 신자라고 할 수 없다. 그저 성령의 능력이

많이 나타나는 신자일 뿐이다. 그러나 영적으로 성숙한 그리스
도인은 그의 삶에서, 그를 둘러싸고 있는 환경 가운데, 때로는
그가 인식하지 못하는 가운데 한계를 뛰어넘어 일하고 계시는
하나님을 볼 수 있는 눈을 가진 사람이다. 그에게 성령의 능력
과 은사가 조금 부족할 수 있다. 그러나 그는 하나님의 일하심
을 보고 하나님을 신뢰하는 큰 믿음을 소유한 사람이다.

　성숙한 그리스도인은 성경적 안목을 가지고 세상을 바라보
며 영적 의미를 발견하고 해석해내는 사람이다. 그는 이러한
영적 안목과 원리들을 묵상하고 반복적으로 실천한다. 그리고
묵상한 말씀을 자신의 삶에 체득시켜 성경적인 삶과 태도를 지
닌 사람으로 자신을 변화시켜 나간다. 자신의 생각과 생활방식
을 바꾸고 비전을 세워나가기 위해서는 영적 안목과 원리를 자
신의 것으로 만들어야 한다. 영적 안목과 원리는 아직까지 경
험하지는 못했지만 언젠가 경험하게 될 어떤 일에 대한 태도와
자세에 영향을 미친다. 가령 자녀를 양육하고 대하는 방법, 건
전한 부부생활, 교회에서 봉사하는 태도, 직장에서 가져야 할
자세 등인데, 이러한 것들은 오늘 당장 실천하기 어려운 것들
이 대부분이다. 지속적으로 훈련을 하고, 마음에 새겨야 할 것
들이다. 청년들은 언젠가 결혼을 하게 될 것이다. 자녀양육과
관련한 적용은 당장 필요한 적용은 아니다. 그렇지만 미리 생
각하고 마음에 새겨둔다면 앞으로 자녀를 양육할 때 적용하게
될 것이다. '하나님이 기뻐하시는 부부생활은 이런 것이구나.

앞으로 부모가 되어서 자녀를 양육할 때 그렇게 해야겠구나'
하며 말씀묵상을 통해 깨달은 것을 토대로 자신만의 성경적인
가정관, 자녀양육관을 세우게 되는 것이다. 묵상을 통해 반복적
으로 깨닫고 그러한 삶을 소원하며 살다 보면 어느 순간 그것
이 삶의 습관이 되고 태도가 되어 자신도 모르게 그렇게 말하
고 행동하게 된다.

너는 마음을 다하고 뜻을 다하고 힘을 다하여 네 하나님 여호와를
사랑하라 오늘 내가 네게 명하는 이 말씀을 너는 마음에 새기고 네
자녀에게 부지런히 가르치며 집에 앉았을 때에든지 길을 갈 때에든
지 누워 있을 때에든지 일어날 때에든지 말씀을 강론할 것이며 너
는 또 그것을 네 손목에 매어 기호를 삼으며 네 미간에 붙여 표로
삼고 또 네 집 문설주와 바깥문에 기록할지니라(신 6:5-9)

이렇게 하나님의 말씀을 자신의 마음에 새기다 보면 어떤 것
은 굳이 하나님께 묻지 않아도 이미 답을 알게 된다. 이웃을 사
랑해야 한다는 것, 힘든 사람을 도와야 한다는 것, 성경적 사고
와 세상적 사고를 분별해야 한다는 것, 어려운 일이 생기면 먼
저 하나님을 찾아야 한다는 것, 섬길 때는 겸손한 자세가 중요
하다는 것 등. 굳이 다시 하나님께 묻지 않아도 얼마든지 스스
로 하나님의 뜻으로 알고 행할 수 있는 일이다. 그런데 그와 같
은 일도 처음부터 가능한 것은 아니다. 말씀을 묵상하고 마음

에 새기는 과정이 있었기에 가능한 것이다. 그래서 모태신앙으로 자란 자녀의 경우, 위기의 순간에 문제가 발생하면 누가 시키지도 않았는데 스스로 하나님을 찾고 성경적 가치관으로 깊이 고민한 후에 결정을 내리는 것을 볼 수 있다. 그들은 어려서부터 부모로부터, 설교나 교회의 가르침을 통해 자신도 모르게 성경적 태도와 습관이 만들어진 것이다.

간혹 성도 중에 기도를 하지 않겠다고 하는 분을 만난다.

"목사님, 기도하지 않을 겁니다. 왜냐하면 기도하면 하나님이 분명히 그 사람 용서하라고 하실 텐데 저는 아직 그러고 싶지 않거든요."

이분의 말처럼 우리는 하나님의 생각에 대해 상당히 많이 알고 있다. 하나님은 반드시 용서하라고 하실 것이다. 지금 그때가 분명히 용서해야 할 때이다. 원수를 외나무다리에서 만난다는 말처럼 그 사람을 용서하지 않으면 강을 건너갈 수 없음을 알고 있다. 결국, 우리는 그 사람을 용서하기 위해서가 아니라 당면한 상황을 비켜갈 수 있는 하나님의 다른 뜻과 방법이 궁금해서 기도한다. 마치 야곱이 형 에서를 만나지 않고 돌아갈 수 있는 길은 없는지 밤새 하나님과 씨름하며 기도했던 것처럼 말이다. 처음에는 피할 길을 위해 기도했지만 그는 결국 다른 길이 없음을 깨닫고 상황을 직면하기로 마음을 먹는다. 이 과정에서 하나님은 기도 중에 함께하시며 보호해주신다는 확신을 주신다. 용서하라고 명령만 하시는 하나님이 아니라 함께하시며 도우시는 하나님을 만나게 된다. 하나님의 은혜를 깨닫고 나면 언젠가 또 다시 그러한 일이 생기면 이제는 더 이상 고민하거나 다른 길을 찾기 위해 기도할 필요가 없음을 알게 된다. 이제 그의 기도는 하나님께서 함께하실 것에 대한 확신과 감사의 기도로 바뀌게 될 것이다.

우리가 하나님의 생각을 많이 알면 알수록 우리의 믿음도 자라고 굳이 묻지 않아도 하나님의 뜻을 행하는 삶을 살게 된다. 굳이 복음을 전할까, 친구를 위해 손을 잡고 기도할까, 봉사를 하는 것이 좋을까, 내가 먼저 용서하는 것이 손해가 되지 않을까, 우리 집에 형제자매를 초대해서 대접하는 것이 좋을까 고민하며 염려할 필요가 없어진다. 하나님의 생각을 많이 알면 저절로 그러한 삶을 살게 된다. 하나님의 생각을 갖게 되면 누가 시키지 않아도 스스로 하나님을 기쁘시게 하는 계획을 세우고 행동하는 삶을 살게 된다. 그 결과 그는 하나님을 기쁘시게 하는 것을 습관화하고, 하나님을 기쁘시게 하는 것이 가장 복되다는 것을 아는 가치관을 소유하게 된다.

삶의 태도를 변화시키는 질문들

자신의 생각과 생활방식을 바꾸고, 비전을 세워나가기 위해서는 스스로 질문하는 훈련이 필요하다. 가령 자녀를 양육하고 대하는 방법, 재정 사용에 대한 지혜, 건전한 부부생활, 교회에서 봉사하는 태도, 대인 관계의 기술, 직장에서 가져야 할 자세 등등에 대해 스스로 질문하고 성경적인 답을 얻을 수 있어야 한다. 이렇게 스스로 답을 찾게 될 때 생각의 변화가 일어나고 기독교 세계관을 형성하고, 세상과 역사를 꿰뚫는 통찰과 안목을 가지게 된다.

이처럼 우리의 삶에 배어 있는 세상적 사고가 성경적 사고로 전환될 수 있도록 스스로 질문해보아야 한다. 여기 삶의 태도를 변화시키는 데 도움이 되는 질문이 있다.

1. 오늘 묵상한 말씀을 통해 바꿔야 할 생각이나 가치관은 무엇인가?
2. 오늘 묵상한 말씀 중에 굳게 붙잡아야 할 하나님의 약속은 무엇인가?
3. 오늘 묵상한 말씀을 통해 나에게 주시는 분별의 지혜는 무엇인가?

말씀을 묵상하면서 깨닫게 되는 하나님의 생각에 비추어 자신의 생각과 가치관을 비교해보라. 무엇을 붙잡아야 할지, 나에게 주시는 성령의 지혜는 무엇인지 살펴보는 묵상을 하라. 그때 온전한 생각의 변화를 위한 적용이 시작될 것이다.

지금까지 한국인의 성경묵상법에 대해 살펴보았다. 그동안 배운 것을 기억하는가? 한번 복습해보자.

1. 본문을 소리 내어, 강조하며, 상상하며, 반복해서 읽는다.
2. 본문을 작은 소리로 생각하며 읽는다.

3. 본문에서 주목한 단어나 구절의 뜻과 의미를 생각해 본다.

4. 본문에서 깨달은 말씀을 적용하기 위해 삶을 돌아본다.

- 오늘 고백해야 할 죄와 실천을 위해 순종해야 할 것은 무엇인가?

- 지속적인 성품의 변화를 위해 무엇을 버리고 본받으라고 하시는가?

- 삶의 태도와 행동의 변화를 위해 바꾸어야 할 생각이나 붙들어야 할
  약속은 무엇인가?

5. 적용할 말씀을 가지고 기도문을 작성한 다음 기도한다.

Part 3
말씀을 더 깊이 곱씹어 보라

8장

하나님께 **몰입**하는 시간

기도에 대한 오해들

묵상에 있어 기도의 중요성은 아무리 강조해도 지나치지 않다. 단순히 강청하는 기도가 아니라 하나님과의 대화라는 측면에서 본다면 기도 또한 묵상의 한 과정이라 할 수 있기 때문이다. 기도는 하나님과 대화를 통해 하나님의 생각을 묻고, 자신의 고민을 내어놓고, 하나님의 뜻과 자신의 뜻 사이에서 씨름하는 시간이다. 기도 중에 일어나는 이 모든 것이 바로 묵상 중에 일어나는 일이지 않는가. 이처럼 기도는 묵상과 밀접한 관계가 있다. 그러므로 더 깊은 묵상으로 나아가기 위해서는 기도하는 법을 배워야 한다. 깊은 묵상으로 인도하는 기도에 대해 살펴보기 전에 먼저 기도에 대한 오해들을 풀고 시작하면 좋을 것 같다.

오해 1. 하나님은 말씀에 순종하지 않는 사람의 기도는 들어주시지 않는다?

신앙생활을 하다 보면 하나님께 조금 미안한 마음이 들 때가 있다. 이러한 마음이 들 때는 대체로 하나님의 뜻을 따르지 않았거나, 하나님 앞에서 크고 작은 죄를 지었다고 생각할 때다. 그래서 어떤 사람은 하나님을 향한 죄송한 마음을 조금이라도 씻어내고, 하나님으로부터 기도의 응답을 잘 받기 위해 하나님의 마음에 드는 행동이나 일을 하려고 한다. 하나님께 잘 보이면 기도가 응답되고, 하나님을 힘들게 하면 기도 응답이 힘들다고 생각하기 때문이다. 그러나 죄와 상관없이 신실하신 하나님은 언제나 우리의 기도를 들어주신다. 그런데 사탄은 우리의 죄와 부족함이 하나님의 응답을 가로막거나 더디게 만든다고 우리를 속인다. 이것은 사탄의 속임수에 불과하다. 하나님은 언제나 우리를 사랑하시고, 우리의 기도에 기꺼이 응답하시는 분임을 믿어야 한다.

오해 2. 기도는 무조건 소리 내어 해야 한다?

때에 따라 다르다. 소리 내어야 할 때는 소리 내어 기도하고 침묵해야 할 때는 침묵하며 기도할 수 있어야 한다. 아무리 조용히 기도하려고 해도 주님께서 주시는 격동에 못 이겨 소리 내어 기도할 수밖에 없을 때가 있다. 반대로 잠잠하라고 하시며 침묵 가운데 머물게 하실 때도 있다. 교회 안에서 보면 때를 잘 분별하지 못해 문제가 되는 경우가 종종 있다. 조용히 묵상하며 기도하는 시간에 큰소리로 또박또박 기도함으로 주위 사람들을 힘들게 하는 사람이 있다. 어떤 사람은 통성으로 기도하며 목놓아 부르짖어야 할 때에 침묵하며 묵상기도 하겠다고 한다. 만약 성령께서 침묵하며 기도하도록 인도하는 것이 아닌데 소리 내지 않고 침묵하고 있는 것이라면, 용기를 내어 통성으로 기도할 필요가 있다. 침묵기도와 마찬가지로 통성기도도 훈련이 필요하기 때문이다.

오해 3. 기도하다가 떠오르는 생각은 모두 하나님의 음성이다?

기도하다 보면 많은 생각이 떠오른다. 특히 소리 내지 않고 기도할수록 생각이 더 많이 떠오른다. 그렇다면 기도하면서 떠오르는 생각들은 어떻게 해석해야 하는가? 떠오르는 생각이 잡념일 수 있고, 하나님이 주시는 생각, 즉 기도제목일 수도 있다. 그렇다면 잡념과 하나님이 주시는 생각을 어떻게 분별할 수 있는가? 먼저는 그것이 왜 지금 떠올랐는지 생각해보아야 한다. 만약 잘못된 기도습관 때문이라면 즉시 고쳐야 한다. 이는 아이들이 공부하기 전에 연필 깎고, 새 노트 찾아서 이름 쓰고, 책상서랍 정리하다가 시간을 보내는 바람에 정작 공부는 뒷전이 되어 버리는 것과 같다. 이와 같은 잘못된 습관은 고쳐야 한다.

기도의 자리에 앉으면 이런저런 산만한 생각이 떠올라서 기도에 집중할 수 없을 때가 있다. 산만한 생각을 무시하기 위해 노력하기보다는 그 생각을 기도로 바꾸어보는 훈련이 필요하다. 그렇게 기도하다 보면 어떤 사람이 떠오른다. 어떤 선교사님의 이름이 떠오르기도 한다. 하나님이 주시는 생각인지, 나에게 주시는 기도제목인지, 아니면 문득 떠오른 지나가는 생각인지 구별하기 어려울 때가 있다. 그때 제일 좋은 반응은 떠오른 사람을 위해 기도하는 것이다. 기도하다 보면 스스로 옥석을 가릴 수 있게 된다. 어떤 생각은 하나님이 주신 기도제목이기도 하고, 어떤 생각은 지금 나의 마음이 복잡하게 꼬여 생기는 잡념이기도 하다. 그렇지만 기도하는 당시에 그러한 생각들을 구별하기보다는 떠오르는 생각을 모두 기도제목으로 여기고 기도하는 것이 좋다. 그렇게 기도줄을 잡고 기도하다 보면 잡념은 어느새 사라지고 기도에 깊이 빠지게 될 것이다.

오해 4. 기도는 10분 이상 하기 힘들다?

몇 마디 하고 나면 더 기도할 것이 없는 것이 어쩌면 정상이다. 왜냐하면 지금까지 우리가 배운 기도들은 대부분 구하는 기도였기 때문이다. 구하는 기도, 얼마나 더 할 수 있겠는가? 10분 이상 구하면 별로 구할 게 없다. 그러니 몇 마디 하고 나면 더 이상 할 말이 없다는 말은 솔직한 고백이다. 그렇다면 오랜 시간 기도의 자리를 지키는 사람들은 도대체 어떻게 기도할까?

먼저, 그들은 강청하는 기도를 드린다. 또한, 그들은 하나님과 대화하는 기도를 한다. 묵상기도는 어떤 면에서 하나님과 대화하는 기도라 할 수 있다. 대체로 많은 사람들이 하나님께 강청하는 기도가 끝나면 자리를 뜬다. 그런데 강청하는 기도가 끝나고 잠잠히 하나님의 임재를 기다리다 보면 조용한 가운데 찾아오시는 하나님을 만날 수 있다. 하나님의 임재를 느끼며 묵상하기 시작할 때 하나님과의 대화가 시작된다. 그때 우리는 하나님께 왜 응답이 더딘지 묻는다. 나의 입장이 아니라 하나님 보시기에 어떤지 묻는 것이다. 그리고 조용히 하나님께서 주시는 생각과 음성에 귀를 기울이다 보면 나의 간구 속에 숨겨진 나의 참 모습이 보이고, 나를 만지고 다듬으시는 하나님이 보인다. 이러한 깊은 기도에 빠져들면 시간이 어떻게 지나가는지 알 수 없게 된다. 수시로 눈을 떠서 시계를 쳐다보며 기도 시간을 채우던 내 모습이 부끄러워지고, 더욱 깊은 기도의 시간을 사모하게 된다.

하늘을 움직이는 기도? 나를 움직이는 기도!

'하늘 문을 여는 기도', '하늘을 움직이는 기도', '하나님을 감동케 하는 기도'. 우리는 자주 이런 문구들을 접한다. 우리가 기도하면 하나님이 감동하신다는 것은 맞는 말이다. 우리의 기도를 기뻐하셔서 하늘 문을 여신다는 표현이 잘못되었다는 말도 아니다. 그런데 만약 이것이 전부라고 한다면 오해다. "브루스 올마이티"라는 영화에는 짐 캐리가 하나님 역할을 맡아 전 세계 곳곳에서 올라오는 기도제목들을 처리하는 장면이 나온다. 주인공은 사람들의 수많은 기도에 일일이 응답하는 것이 귀찮아서 모두 "Yes"라고 입력한다. 처음에는 아주 좋아 보였지만 오래지 않아 자신의 행동이 전 세계에 큰 혼란을 초래하고 세상을 온통 뒤죽박죽으로 만들었다는 것을 알게 된다. 꾸며진 이야기지만 생각하면 할수록 참 의미 있는 장면이라고 생각된다.

모든 기도가 하나님을 감동시키는 것은 아니다. 내가 생각할 때 너무 중요하고 급박한 기도라고 할지라도 기도응답은 언제나 하나님이 정하신 경륜 안에서 이루어진다. 그래서 기도는 하나님을 감동시키기 전에 먼저 나를 변화시키는 것이다. 매튜 헨리는 "기도란 하나님을 움직이거나 강요하는 것이 아니라 우리 자신을 움직이고 우리 자신을 강요하는 것이다"라고 말했다. 기도는 하나님께 우리를 이해해 달라고 강요하는 것이 아니라, 하나님과 만나 교제하며 우리 자신을 보다 더 잘 이해하는 데 그 1차적인 목적이 있다. 영성학 교수 유해룡은 기도에 대해 다음과 같이 말한다.

기도는 분명 우리의 소원을 하나님께 청원하는 것 이상의 의미를 지닌다. 하나님은 결코 변덕스러운 신이 아니며, 기도는 그런 하나님께 소원 목록을 상정하는 수단이 아니다. 기도는 우리 시선을 바꾸어 우리를 향하신 하나님의 비전과 그 뜻을 이해하고 발견하도록 해준다.

그는 계속해서 건강한 기도에 대해 강조하는데, 맹목적인 욕구로부터 벗어나 하나님과 인격적인 관계를 맺으면서 하나님이 우리 안에 두고 계신 소원이 무엇인지 알아가는 것이 건강한 기도라고 말한다. 예수님은 제자들에게 "너희가 내 안에 거하고 내 말이 너희 안에 거하면 무엇이든지 원하는 대로 구하라"고 말씀하셨다(요 15:7). 무엇이든지 원하는 대로 구하기 전에 해야 할 일이 있는데 그것은 바로 주님 안에 거하고 주님의 말씀이 우리 안에 거하게 하는 것이다. 내가 주님 안에 들어가서 그분의 마음을 변화시켜야 한다는 말이 아니다. 주님 안에 있게 되면 주님의 뜻에 합당한 사람으로 변화되는데 그 변화의 중심에는 우리 안에 거하는 주님의 말씀이 있다. 그래서 참된 기도는 하나님을 변화시키는 것이 아니라 나를 변화시키는 것이다.

나를 변화시키는 기도

기도는 의외로 단순하다. 하나님께 우리의 마음을 드리고 그분이 주시는 사랑을 받으면 된다. 어렵지 않다. 누구나 기도할 수 있고 응답받을 수 있다. 그런데 문제는 우리가 기도의 자리로 나오지 않는 데 있다. 왜 사람들은 구하면 주시고 찾으면 만난다는 진리를 알면서도 기도하지 않는 것일까? 기도는 거듭나지 않은 옛사람의 본성을 거스르는 행위이기 때문이다. 우리는 태어나는 순간부터 스스로 구하고 찾고 두드려서 얻어야 한다는 생각에 사로잡혀 살아왔다. 그런 인간이 스스로 부족하며 능력 없는 존재로 여기면서 누군가에게 도움을 구한다는 것, 더군다나 보이지 않는 하나님에게 기도한다는 것은 쉽게 납득하기 어려운 문제이다. 이러한 인간의 본성은 구원받아 하나님의 자녀가 된 후에도 쉽게 변하지 않는다. 그래서 기도가 어렵게 여겨지는 것이다. 누군가 기도하는 자리에 나왔다면 그의 심령에는 이미 변화가 일어나고 있다는 것이다. 자신의 나약함을 보기 시작했고 하나님의 강함을 의지하기 시작했다는 말이다.

기도를 통해 우리는 하나님 앞에서 온전한 사람으로 성장한다. 기도 가운데 나를 만지고 다듬으며 온전한 모습으로 세워주시는 하나님을 만나야 한다. 이를 위해 우리의 마음을 열어야 한다. 데이비드 베너는 열린 마음의 중요성에 대해 말한다.

놀랍게도 열린 마음으로 기도하며 하나님 앞에 잠깐이라도 가만히 있으면, 하나님만 만나는 게 아니라 우리 자신의 자아를 만난다. 참된 자아를 만나기 때문에 그만큼 변화의 잠재력이 큰 것이다. 당신의 내면세계는 고요함과 평온함 대신 소음과 격정으로 소용돌이친다. 그동안 의식의 언저리에 맴돌던 오랜 불안과 갈등이 우르르 표면으로 떠오르면서 온갖 기억과 감정이 불청객처럼 부글거린다. 이것은 하나님의 임재에 들어가기 위해 치러야 하는 입장료다.

이것이 바로 기도 중에 경험하는 묵상이다. 더 깊은 묵상의 단계로 나아가면 말씀이 자신의 영혼에 부딪혀오는 것을 경험하게 되는데, 그때 우리의 마음에는 다양한 격동이 일어난다. 말씀을 묵상하다가 마음에 격동이 일어나기 시작한다면 그것은 우리 내면에 있는 걸림돌과 말씀이 부딪히고 있다는 증거다. 우리에게는 숨기고 싶은, 너무 오래 숨겨 두어서 그 존재조차 잊고 살았던 걸림돌이 있다. 그것은 우리가 묵상을 통해 하나님을 만나는 일을 방해한다. 하나님의 충만한 은혜와 임재를 경험하고 싶다면 그 부분이 뚫려야 한다. 그 막힌 곳은 우리의 깊은 쓴뿌리요 견고한 진이며 하나님께로부터 끊임없이 돌아서게 만드는 허물이다. 쓴뿌리와 견고한 진으로 인해 일어나는 격동을 제거하고 하나님과의 깊은 교제로 나아가려면 기도가 필요하다.

기도는 하나님을 향한 신뢰를 바탕으로 마음을 열고 하나님께 나아가는 것이다. 잊지 말아야 하는 것은 신뢰와 열린 마음이 아직 부족할지라도 하나님께 나와서 하나님의 생명이 우리 안에 흘러들게 해야 한다는 것이다. 그렇게 하면 내면 깊은 곳에 우리를 막고 있던 장애물들이 하나님의 사랑으로 제거되는 것을 경험하게 된다. 우리가 그 장애물들을 놓아보낼 마음만 있다면 장애물들은 더 이상 막힘이 아니라 은혜의 통로로 변하게 될 것이다. 그러므로 기도는 나를 변화시키고 하나님과의 거침없는 교제의 자리로 이끌어주는 하나님의 선물이다.

묵상하는 기도

모든 사람들이 뒤돌아서서 잘못된 길로 갔습니다.
그들 모두가 썩은 것입니다.
선한 일을 하는 사람이 하나도 없습니다.
악한 자들이 언제쯤 깨닫겠습니까?
그들은 내 백성을 빵 먹어 치우듯이 먹어버리고,
여호와를 부르지 않습니다. (시 14:3-4 쉬운성경)

다윗은 기도 중에 생각한다. 지금 자신의 고민거리들을 생각한다. 상황에 대한 하소연이 아니라 자신을 괴롭히는 영적인 문제들에 대한 고민을 토로하고 있다. 그는 하나님의 말씀과 자신의 삶, 그리고 세상에 대해 묵상하고 있는 것이다. 묵상하는 기도는 자신의 삶에 일어나는 문제, 의문, 생각, 느낌을 그대로 하나님께 가져가서 그분과 의논하는 것이다. 다윗은 하나님게 분명한 해결책을 달라고 간구하지 않았다. 그냥 자신의 생각을 털어놓고 하나님께 물었다. 다윗은 지금까지 우리가 살펴보았던 묵상의 방법을 따라 자신을 돌아보며 묵상하고 있는 것이다. 이렇게 묵상 내용을 하나님께 올려드리면 그것이 곧 묵상기도가 되는 것이다. 묵상기도를 훈련하려면 기도문을 작성해보는 것이 도움이 된다. 격식을 갖춘 기도문이 아니라, 묵상 시간에 돌아보았던 자신의 삶과 성경말씀을 근거로 자유롭게, 성령의 인도를 따라 기도문을 작성해보라. 그러면 깊은 기도의 자리로 나아가게 될 것이다.

예수님께서 가나 혼인잔치에서 물로 포도주를 만드시던 장면을 묵상할 때였다. 물이 포도주로 바뀌었다는 것이 계속 나의 마음속에 남았다. 물이 포도주로 바뀌었다는 것은 물성(物性)의 변화가 일어났다는 말인데, 그것은 창조주 하나님이 아니고서는 할 수 없는 일이다. 그러므로 이것은 예수님께서 하나님의 아들이심을 보여주는 표적이다. 평소 알고 있던 것처럼 그렇게 지식적으로 예수님의 신성을 인정하는 내용으로 생각하고 지나가려는데, 그날 따라 뭔가 나에게 주시는 말씀이 있다는 생각이 들었다. 그래서 스스로에게 물었다.

'물이 포도주가 되었다는 것이 나에게는 어떤 의미가 있을까?'

'하나님, 뭔가 말씀하시려는 게 있는 것 같은데 깨닫게 해주세요.'

그렇게 묵상하다가 하나님이 주시는 깨달음 앞에서 한참을 울었다. 그냥 눈물이 났다. 감격의 눈물이었고 감사의 눈물이었다. 내가 바로 물이었다는 것을 깨달았다. 나는 지금껏 스스로를 아주 대단한 맛을 지니지는 않았지만 그런대로 쓸 만한 포도주라고 생각하고 있었다. 그런데 나는 아무런 맛도 느낌도 없는 물과 같은 존재였던 것이다. 묵상 중에 주신 깨달음을 가지고 쓴 기도문이다.

하나님, 저는 자동차 기술자가 되어, 돈을 많이 벌어 부모님 잘 모시고, 아내와 자녀들과 함께 행복하게 사는 것을 목표로 살았습니다. 저는 물처럼 아무런 맛도 없이 그냥 흘러 사라져 버릴 인생이었습니다. 그런 저를 하나님의 은혜의 자리로 불러주셔서 감사합니다. 이전에 제가 하나님께 왜 저를 구원하셨냐고 따져 물었던 때가 부끄럽습니다. 하나님은 물처럼 살지 않고 포도주처럼 살라고 저를 부르셨습니다. 이제야 깨닫습니다. 제 인생에 참 의미를 발견하게 하신 하나님 감사합니다. 지금까지 인도해 주셔서 감사합니다. 하나님은 저를 더 맛있는 포도주가 되어 주님의 잔치에 쓰이길 원하셨습니다. 그 축제의 현장에 포도주와 같은 삶으로 인도해주셔서 감사합니다. 맛있는 포도주와 같은 인생을 살겠습니다.

말씀을 묵상하다 보면 자연스럽게 기도로 이어진다. 이것이 진짜 묵상기도다. 말씀을 통한 기도, 말씀으로 말미암아 시작되는 기도, 이런 기도를 하게 되면 하나님 앞에서 구하는 것 이상의 기도가 시작된다. 묵상한 말씀을 근거로 기도할 때 진정으로 하나님과 대화하는 기도, 하나님의 음성을 듣고 대답하는 기도를 드리게 된다. 아우구스티누스는 "내가 진작에 말씀으로 기도하는 법을 알았다면 하나님의 뜻을 찾으려고 그렇게 많은 시간을 허비하지 않았을 것이다"라고 했다. 잔느 귀용은 "기도 중에는 하나님의 말씀을 묵상해야 한다. 그러나 이것을 아는 사람은 그리 많지 않다. 말씀이 없는 기도는 공허한 기도이다. 하나님은 이런 기도를 원하지 않으시며, 그래서 나 또한 그런 기도를 추천하지 않는다"라고 했다. 기도 중에 영광을 보는 기쁨, 그것은 경험해보지 않은 사람은 절대 알 수 없는 비밀한 것이다.

하늘 영광 보여주며 날 오라 하네
할렐루야 찬송하며 주께 갑니다
그러므로 나는 사나 죽으나 주님의 것이요
사나 죽으나 사나 죽으나
나를 위해 피 흘리신 내 주님의 것이요

나는 이 찬송을 부를 때마다 은혜가 된다. 사나 죽으나 나는 주님의 것이라는 가사가 언제나 내 마음에 와닿는다. 그런데 이 고백은 아무나 할 수 있는 것이 아니다. 대단한 각오를 한 사람이 하는 것도 아니다. 죽기를 작정하고 달려드는 사람의 고백도 아니다. 이것은 영광을 본 사람이 드릴 수 있는 고백이다. 하나님은 언제나 하늘 영광을 보여주시며 오라 하신다. 말씀 중에, 묵상 중에, 기도 중에 영광을 보여주신다. 그 영광은 큰 깨달음이다. 아마도 이 노래를 작사한 사람은 그 깊은 것을 경험한 사람일 것이다. '하늘 영광 보여주며 날 오라 하시니 할렐루야 찬송하며' 갈 수 있는 것이다.

가끔 이전에 가르쳤던 청년들이 찾아와서 "목사님, 제가 신학교 가려는데…" 하며 상담을 요청한다. 그러면 나는 제일 먼저 하나님이 영광을 보여주신 적이 있는지 물어본다. 영광을 보지 못한 채 사역하겠다는 사람들이 겪는 안타까운 모습들을 나는 여러 번 보았다. 그래서 사랑하는 후배들에게 제일 먼저 그것을 물어본다. 하늘 영광을 본 사람은 뭔가 다르기 때문이다. 많이 부흥했느냐 적게 부흥했느냐의 이야기가 아니다. 하늘 영광을 본 사람은 많은 사람이 모이는 사역을 해도 뭔가 다르고, 적은 사람이 모이는 사역을 하더라도 의미 있고 가치 있게 할 수 있다. 그러나 이 영광을 보지 못한 사람은 자기 열심과 자기 의로 사역할 수밖에 없는 것이다.

하나님은 말씀을 묵상하는 가운데 깨달음을 주신다. 그것이 바로 하늘 영광이다. 계시의 빛을 비춰주신다. 성령의 조명하심을 경험한다. 이를 위해 우리는 본문 말씀을 읽고 밑줄을 긋고 강조하여 읽고 생각하며 읽는 훈련을 해왔다. 우리는 어느 날

갑자기 하나님 말씀의 영광이 홀연히 찬란하게 비치는 것을 보고 싶어한다. 그런데 영롱한 영광의 빛은 날마다 묵상을 통해 하나님과 교제하는 사람의 심령에 찾아온다. 마치 다이아몬드의 원석이 숙련된 세공사의 손을 거쳐 영롱한 빛을 발하는 보석이 되는 것처럼 말이다. 그래서 묵상하는 기도가 중요하다. 기도하며 하나님과 대화하는 시간은 우리 자신이 하나님의 말씀으로 다듬어지는 시간이다.

깊은 기도로 나아가기

더 깊은 묵상으로 나아가기 위해서는 반드시 깊은 기도가 필요하다. 나는 묵상할 때나 기도할 때 가만히 침묵하는 시간을 갖는다. 하나님께서 나의 심령을 만지고, 나에게 말씀하실 수 있는 여지를 남겨놓기 위해서다. 처음에는 침묵의 시간이 굉장히 힘들었다. 기다림의 시간이 지루하게 여겨지고 불안한 마음까지 들었다. 나에게 있어 기다림은 또 다른 영적 싸움이기 때문이다. 나의 힘으로 무언가를 해보려는 의지를 죽이고 하나님의 일하심을 기다리는 것 자체가 큰 영적 싸움이다. 그래서 기다려야 한다. 이 싸움에서 승리하면 하나님과 묵상하는 사람 사이를 가로막고 있는 구름이 걷히고 말씀하시는 하나님을 만나게 된다.

조직신학자 송인규는 성경을 공부할 때와 기도할 때의 심령 상태가 다르다고 한다.

성경을 읽고 공부할 때는 내가 의식의 주체가 된다. 내가 읽고, 내가 관찰하며, 내가 해석하고, 나의 삶을 돌이켜 보며 반성한다. 내가 깨닫고 내가 회개하고 내가 진리를 적용한다. 그러나 기도는 다르다. 기도 시에는 철저히 수동적인 입장으로 바뀐다. 비록 '내가 기도한다'는 어법을 사용하지만, 실제로 나는 그저 하나님 앞에 부복(扶伏)할 따름이다. 우리가 스스로 기도 상황을 통제하는 것이 아니라 철두철미하게 하나님의 통제를 받는다.

기도할 때 우리는 하나님을 향한 헌신, 복종, 찬양, 순종과 같은 마음을 갖게 된다. 이런 심령 상태를 정기적으로 그리고 깊이 있게 경험하게 될 때, 우리는 하나님과 만나 교제하는 특별한 기도 체험을 하게 되는 것이다.

우리는 하나님께서 세상 모든 사람을 사랑하신다는 말씀에 큰 감동을 받는다. 그리고 하나님께서 그와 같은 사랑을 베푸시는 것이 마땅하다고 생각한다. 세상을 창조하신 하나님께서 자기의 피조물을 사랑하는 것은 지극히 당연한 일이기 때문이다. 그런데 그 세상 모든 사람 중에 내가 가장 싫어하고, 나를 힘들게 했던 사람도 하나님께서 사랑한다고 하면 생각은 달라진다.

요나가 그랬다. 하나님은 요나에게 앗수르의 니느웨 성에 가서 회개의 메시지를 전하라고 하셨다. 그런데 요나는 하나님의 명령이 싫었다. 그는 고의적으로 하나님의 명령을 거역하기 위해 다시스로 가는 배를 탔다. 요나는 자기 민족을 괴롭히고 멸망시킬 사람들에게 하나님의 은혜의 메시지를 전하고 싶지 않았던 것이다. 다른 건 몰라도 그것만은 안 된다고 생각했다. 하나님이 사랑이 많으시고 용서하기를 좋아하시는 분인 줄은 알지만, 그것만은 안 된다는 심정으로 그는 하나님의 낯을 피하여 배 밑창에 숨어 잠을 잤다.

풍랑이 일자 그는 자신을 바다에 던질 것을 사람들에게 요청했다. 차라리 바다에 빠져 죽더라도 니느웨는 가지 않겠다는 굳은 결심을 했던 것이다. 하나님은 바다에 빠진 요나를 물고기 뱃속에서 보호해주셨다. 결국 요나는 하나님의 뜻을 따라 니느웨 성으로 가게 되었는데, 요나가 니느웨 성에서 잠깐 메시지를 전했을 뿐인데 온 나라가 회개하는 일이 벌어졌다. 이러한 니느웨 성 사람들의 모습에 요나는 더욱 짜증나고 화가 났다. 요나는 그와 같은 일이 일어날 것을 이미 알고 있었던 것이다. "하나님, 보세요. 제가 안 간다고 했잖아요. 저 사람들이 다 회개해버리잖아요. 그래서 제가 안 간다고 했지 않습니까?" 니느웨 성이 보이는 곳에서 하나님과 요나의 허심탄회한 대화가 이어졌다. 하나님은 자신의 주관과 고집으로 가득 찬 요나의 마음을 열기 위해 그에게 말씀하셨다. 온 세상을 창조하시고 온 세상 주인 되신 하나님 아버지의 사랑에 관한 말씀이다.

여호와께서 이르시되 네가 수고도 아니하였고 재배도 아니하였고 하룻밤에 났다가 하룻밤에 말라 버린 이 박넝쿨을 아꼈거든 하물며 이 큰 성읍 니느웨에는 좌우를 분변하지 못하는 자가 십 이만여 명이요 가축도 많이 있나니 내가 어찌 아끼지 아니하겠느냐 하시니라 (욘 4:10-11)

우리도 때로는 내가 경험한 어떤 지식이나, 상황에 매몰되어 하나님의 뜻와 음성을 받아들이지 않기 위해 고의로 말씀을 배척할 때가 있다. 만약 우리가 기도를 하나님께 무언가를 청원하는 수단으로 여긴다면 하나님께서 자신의 뜻을 굽히고 우리의 기도에 응답해주셔야 한다고 생각할 것이다. 그와 같은 기도를 드리는 사람에게서 기도를 통해 생각과 삶이 변화되는 것을 기대하기란 어려울 것이다. 그러나 기도를 하나님과의 사귐이라는 관점에서 생각해본다면 하나님과 요나의 대화는 그들이 얼마나 가까운 사이인지 느낄 수 있게 해준다. 감히 어떻게 하나님께 "내가 성내어 죽기까지 할지라도 옳다"라고 박박 우겨댈 수 있겠는가. 분명 하나님과 요나는 보통 친밀한 사이가 아니었던 것이다.

상황에 몰입하지 않고 하나님께 몰입하는 기도를 드리려면 말씀과 함께 기도해야 한다. 묵상한 말씀을 가지고 기도하다가 기도 중에 다시 묵상한 말씀을 떠올리는 과정의 순환이 필요하다. 이러한 과정이 바로 더 깊은 묵상과 깊은 기도의 경지로 나아가는 단계이기도 하다. 그렇게 깊은 묵상과 함께 기도의 자리로 나아가면 하나님의 말씀이 부딪쳐와서 요나처럼 그렇게 기도하며 대화할 수밖에 없게 되는 것이다. 우리는 요나처럼 하나님의 뜻을 온전히 이해하지 못해서, 혹은 자신의 생각과 하나님의 생각이 너무 달라서, 때로는 하나님께서 자신의 깊은 속마음을 너무나도 정확하게 꿰뚫고 계시기 때문에 묵상과 기도를 통해 하나님과 대화할 수밖에 없는 것이다.

그래서 유해룡은 "기도자는 자기몰입형 기도와 자기초월형 기도 사이에서 움직인다"라고 한다. 일반적으로 말씀과 더불어 기도할 때 대체로 두 가지 태도로 말씀에 접근하게 되는데, 첫째로 자기몰입적 태도가 있다. 이것은 주어진 말씀 안으로 깊이 들어가기 전에 자기 자신의 문제를 그 말씀에 투사하여 말씀을 임의적으로 해석하고 적용하려는 태도이다. 둘째, 자기초월적 태도가 있다. 자신의 삶을 초월하고 말씀 자체로 들어가서 말씀을 통하여 전달하시는 성령의 음성에 귀를 기울이는 태도이다. 그는 계속해서 말하기를 "기도자가 성경말씀으로 기도할 때 그 말씀이 매개가 되어 주님과 대화하게 되기까지 한동안 말씀과 씨름을 하게 된다"고 한다.

묵상을 하건, 기도를 하건 처음에는 나의 관심, 내가 당면한 상황과 관련한 것에 머물 때가 많다. 물론 그러한 상황이 하나님께로 인도하는 성령의 특별한 인도하심일 때도 있다. 그러나 눈앞에 보이는 것을 구하는 데서 그치지 말고, 그 너머에 무엇이 있는지 보여달라고, 깨닫게 해달라고 간구해야 한다. 그렇게 하나님께 요청하며 대화하는 기도를 드리다 보면 상황을 뛰어넘는 기도를 드리게 된다. 마치 높은 산을 올라가서 내가 사는 동네를 내려다보는 것 같다. 어디가 막혔고, 어디가 길인지 보이는 것처럼 말이다. 우리가 하나님과 대화하며 깊은 기도의 자리로 나아가면, 마치 헬리콥터를 타고 하늘 위에서 아래를 내려다보는 것처럼 상황에 몰입하는 기도가 아니라 초월하는 기도를 드릴 수 있게 된다.

지금 당신이 당면한 문제가 있는가? 그 문제에 대해 하나님의 생각을 물어보라. 또 나의 생각에 대한 하나님의 견해를 물어보라. 그리고 상황에 몰입하고 있지는 않는지 자신을 점검해 보라. 한주간 묵상한 말씀을 가지고 자신의 상황을 돌아보며 기도하는 훈련을 해보라.

9장

하나님의 음성을 분별하기

묵상 중에 하나님의 음성을 분별하라

그리스도인이라면 누구나 하나님의 음성에 관심이 있다. 웨인 코데이로는 자신이 어떻게 하나님의 음성을 듣고 순종하게 되었는지 다음과 같이 소개한다.

최근에 나는 내 인생 여정에서 탈진하여 깊은 구덩이에 빠진 적이 있었다. 더 이상 하나님의 음성을 들을 수도 없었고, 마음이 무너져 내려 사역조차 할 수 없을 것 같은 심정까지 되었다. 미래가 안개처럼 뿌옇고 희미했다. 그러나 바로 그 기간에 비로소 나는 하나님의 세미한 음성의 힘을 알 수 있었다. 고요함 중에 주시는 소리를 감지할 수 있었다. 그 고요의 한가운데서 나는 마침내 하나님이 말씀하시는 것을 들었다.

"리더를 양성하라."

나는 지금 내 인생에서 가장 심각한 정서적 고통을 겪고 있는데, 하나님의 해결책은 전혀 의외의 말씀이었다. 당시에는 깨닫지 못했지만 지금은 안다. 그 말씀은 그때 내게 꼭 필요했던 것, 바로 확신을 내게 심어주시기 위한 것이었다. 어렵고 고통스러운 마음을 힘겹게 추스르며 그 말씀에 순종하여 한걸음씩 나아갔다. 하나님의 음성을 다시 들을 수 있는 자세를 갖기 위해 나는 매일 하나님의 말씀을 한 구절씩 빨아들이기 시작했다. 말씀의 지시를 받으면, 그날 바로 이행했다. 옛 선지자들이 매일매일 함께했던 영혼의 빛처럼 세미한 음성의 힘은 나에게도 하루하루 살아갈 빛이 되어 주었다. 그 결과 나는 영혼의 어두운 터널을 무사히 지날 수 있었다. 그리고 무엇보다 "리더를 양성하라"는 음성에 순종함으로 양성한 수많은 리더들, 그들은 나의 사역에서 엄청난 동역자요 후원자가 되어주고 있다. 당신의 영혼을 진정으로 충족시킬 수 있는 단 하나의 주파수에 귀를 기울이라. 그리고 하나님의 세미한 음성을 들었다면 바로 지금 그대로 순종하라.

예수 그리스도를 믿음으로 하나님의 자녀가 되고 나면 하나님의 뜻이 궁금하고, 하나님의 인도를 따라 살아가고 싶은 생각이 든다. 하나님 없이 살던 사람이 하나님을 그의 심령에 영접했기 때문에 자신의 삶과 미래에 대한 하나님의 뜻, 그리고 세상을 향한 하나님의 계획에 관심을 가지는 것은 당연하다. 그런데 때로는 우리가 하나님의 음성과 자신의 미래에 대한 하나님의 계획에 관심이 지나쳐서 하나님의 음성을 오해할 때가 있다. 그래서 하나님의 음성에 대해 정의를 내리기 전에 먼저 하나님의 음성이 아닌 것들에 대해 살펴볼 필요가 있다. 오해들을 하나씩 제거하다 보면 하나님의 음성을 올바로 이해하게 될 것이다.

하나님의 음성이 아닌 것들

- 점괘 _ 역술인을 통해 얻는 각종 운명과 미래에 관련된 것들: 관상, 손금, 각종 점술, 오늘의 운세 등

- 예감 _ 감이 좋다, 느낌이 좋다, 감이 좋지 않다 등의 육감, 어떤 이가 말하는 영적인 감이라고 하는 모든 것

- 숙명 _ 너는 내 운명, 하나님이 주신 운명, 가족과 세상을 향한 숙명 등 흔히 팔자라고 하는 것

- 징조 _ 앞 일을 예견하게 만드는 각종 상황, 행동, 자연 현상

- 제비뽑기 _ 구약성경에서 제비뽑기는 하나님의 뜻을 분별하는 수단으로 사용되었다. 그러나 하나님의 음성은 아니다. 가위바위보, 각종 뽑기 등

- 영교 _ 영험하다는 사람의 말, 환상 중 들리는 영적인 소리, 영적인 교통을 한다는 사람들이 말하는 미래와 관련한 것들. 이것은 아주 민감한 부분이다. 어떤 때는 이러한 것들이 성경적인지, 하

나님의 사람인지 아닌지 잘 분별하기 어렵다.

때로는 이러한 것들을 통해 하나님의 음성을 듣기도 한다. 그러나 그것은 정말 특별한 일이다. 마치 하나님께서 발람이 타고 가던 나귀의 입을 열어 경고하셨던 것처럼 말이다(민 22:29-31). 나귀도 보았던 여호와의 사자를 발람은 보지 못했다. 그래서 하나님께서는 나귀의 입을 열어 경고하셨다. 이와 같은 특별한 하나님의 음성을 듣는 경험이 가져올 수 있는 심각한 문제점은 그런 일을 한 번 접하면 계속해서 신비한 경험이나 체험만을 찾아다니게 되고 하나님의 말씀인 성경보다는 그런 현상을 좇게 된다는 것이다. 그러니 처음부터 그러한 방법들을 통해 하나님의 음성을 들으려고 노력하기보다는 성경말씀을 통해 들려주시는 하나님의 음성을 듣기 위해 자신의 영적인 귀를 민감하게 열어두는 훈련을 해야 한다.

묵상과 기도 중에 듣는 하나님의 음성에 대한 오해들

하나님의 음성을 듣는 것과 관련해서 흔히 오해하는 것이 있다.

오해 1. 신령해야 들을 수 있다?

물론 신령하면 하나님을 음성을 들을 수 있는 것은 사실이다.

그런데 문제는 신령하다는 기준이 어디까지인지 정하기 어렵다는 데 있다. 대체로 신령해야 들을 수 있다는 말 속에는 내가 그렇게 신령해야 한다는 의미보다는 신령한 누군가의 도움을 받아야 한다는 의미가 숨겨져 있는 경우가 많다. 우리는 모두 예수 그리스도로 말미암아 거룩해졌다. 그러므로 하나님의 자녀는 누구나 하나님의 음성을 들을 수 있다. 요즘 신령한 분(?)들의 소위 '예언 사역'에 대해 사람들이 관심을 많이 갖고 있다. 또 그들의 신령한 이야기를 듣고 싶어 한다. 그들에게서 예언의 말씀, 때로는 영적 메시지를 듣는 것을 무조건 나쁘다고 할 순 없다. 그런데 문제는 듣는 우리가 그의 메시지를 하나님의 말씀처럼 신뢰하고, 때로는 그의 말에 매여 있게 된다는 것이다. 이것은 결코 옳지 않은 일이다. 그러므로 신령한 사람의 말을 의지하기보다 내가 신령해져야 한다. 신령과 진정으로 거룩해져야 하나님의 음성을 잘 듣고 분별할 수 있다.

오해 2. 하나님은 큰 일에 대해서만 말씀하신다?

하나님은 작은 일에도 말씀하신다. 일의 경중보다는 우리가 얼마나 하나님의 주권을 인정하고 그분의 인도를 받기 원하느냐가 더 중요하다. 아무리 큰일, 즉 내가 어떤 직업을 갖고, 내가 어떤 일을 하기 원하신다는 하나님의 큰일에 대한 소명을 들었다 할지라도, 날마다 하나님의 음성에 귀를 기울이지 않는다면 그는 하나님의 큰일을 온전히 이루는 삶을 살아가기 힘들 것이다. 내가 다니던 중학교는 미션스쿨이었다. 그 학교 벽에는 이런 성경구절이 있었다. "지극히 작은 것에 충성된 자는 큰 것에도 충성되고 지극히 작은 것에 불의한 자는 큰 것에도 불의하니라"(눅 16:10). 나는 중학교 이후로 이 말씀을 마음에 새겨놓고 살아오고 있다. 이 말씀이 진리임을 믿는다. 작은 것에 충성하지 않고 불의한 사람이 어떻게 큰일에 충성할 수 있겠는가. 그러므로 큰일에 대해 듣기 전에 먼저 날마다 주시는 하나님의 세미한 음성에 귀를 기울이는 말씀묵상 훈련이 필요하다.

오해 3. 기도 중에 떠오르는 생각이 하나님의 생각이다?

기도하다 보면 여러 가지 생각이 떠오른다. 그래서 그것이 내 생각인지 하나님의 생각인지 헷갈릴 때가 있다. 기도 중에 떠오르는 생각을 모두 하나님의 생각이라고 단정 지을 수는 없다. 그렇지만 하나님의 음성을 듣는 훈련을 위해서는 일단 하나님의 음성으로 생각하는 것이 좋다. 왜냐하면 우리는 아직 하나님의 음성을 분별하는 능력을 충분히 갖지 못했기 때문이다. 그러므로 일단 하나님의 음성으로 생각한 다음, 확인하는 과정을 거쳐 분별하게 되면 하나님은 반드시 하나님의 음성임을 확증해주신다. 빌 하이벨스는 하나님의 음성을 확인하는 몇 가지 필터를 소개한다. 그의 제안을 따라 하나님의 음성을 분별해보라.

1. 하나님께서 보내신 것인지 단순하게 하나님께 여쭤보라.

2. 성경적인가 살펴보라. 성경에 모순된다면 하나님으로부터 오는 것이 아니다.

3. 분별 있는 것인지 살펴보라. 하나님은 분별없는 행동이나 결정을 하도록 인도하지 않으신다.

4. 나의 배경과 관련이 있다. 전혀 엉뚱한 일이나 환경으로 인도하는 경우는 드물다.

5. 나를 잘 알고 신뢰할 만한 사람들의 조언을 주의 깊게 경청하라.

오해 4. 하나님의 음성은 소리로 들린다?

어린 시절 진짜 하나님의 음성을 듣고 싶었다. 나의 귓전을 때리는 생생한 음성을 듣고 싶었다. 그러나 아무리 기도하고 기다려도 하나님의 소리는 들을 수 없었다. 그래서 어떤 분들은 하나님의 음성이라는 표현은 잘못되었다고 한다. 성령의 감동, 영감, 깨달음 등의 표현을 써야 한다고 한다. 나는 음성, 감동, 영감, 깨달음이라는 단정적 논쟁보다 그러한 오해를 불러일으키게 된 원인을 살펴보려고 한다. 음성이라는 단어가 가지는 함축적인 의미 때문에 소리라는 오해를 하게 되는 것이다.

성경에는 세 종류의 하늘이 나온다. 첫째 하늘은 푸른 하늘, 영어로 'sky'에 해당하는 하늘이다. 둘째 하늘은 공중이다. 공중 권세(the power of the air, 엡 2:2)라고 할 때 사용된 공중을 말한다. 셋째 하늘은 하늘나라(the heavenly places, 엡 2:6)를 말한다. 흔히 천국, 하나님이 계신 곳이라는 의미로 사용되는 하늘이다. 세 하늘 중 하나님의 음성은 어디서 들려올까? 당신은 어느 하늘에서 들려오는 하나님의 음성을 들으려고 했는가? 사람들은 셋째 하늘, 하나님이 계신 하늘에서 주시는 음성을 듣고 싶어 한다. 그러나 정작 하나님의 음성을 들으려고 할 때는 셋째 하늘이 아니라 첫째 하늘과 둘째 하늘에서 들려오는 소리를 통해 들으려고 하는 것이 문제다. 첫째 하늘은 눈으로 보이는 하늘이다. 둘째 하늘은 귀로 들리는 하늘, 세상의 풍속, 유행, 각종 허탄하고 망령된 신화들을 말한다. 하나님의 음성을 듣고 싶은 우리는 하나님이 나타나셔서 분명하게 나의 귀에 들리도록 말씀해 주시길 원한다. 그런데 온 세상의 주인 되시는 하나님은 그분이 다스리시는 하늘에서 말씀하신다. 하나님을 마음에 모시고 그분의 주권을 인정하는 사람의 마음에 임한 하늘에서 음성이 들린다. 그래서 하나님의 음성은 영감이고, 깨달음이라는 표현을 쓰게 되는 것이다.

성령의 음성을 듣는 경로

> 큰 용사여 여호와께서 너와 함께 계시도다(삿 6:12)

기도 중에 떠오른 말씀이다. 당시 나는 성령의 능력을 간구하고 있었다. 그때까지 성령에 대해 그저 이론적으로만 알고 있었다. 이론이 아니라 내 삶에 내주하시는 성령을 어떤 모양으로든 경험하고 싶었다. 작정을 하고 성령을 경험하길 소원하며 기도하던 중 그 주간에 묵상했던 사사기 6장의 기드온에게 하셨던 말씀이 떠올랐다. 평소에 기도 중에 여러 가지 말씀이 떠오르곤 하는데, 그날은 뭔가 달랐다. 기도가 끝난 뒤에도 그 말씀이 머릿속을 떠나지 않아 성경을 펼쳐 묵상했던 말씀을 살펴보았다. 정확하게 그 말씀이 있었다. 막연한 생각과 말씀의 조합이 아니었다. 그렇지만 '큰 용사여 여호와께서 너와 함께 계신다'라는 말씀이 지금 나에게 어떤 의미인지 깨닫지 못했다. 나는 성령의 능력을 구하고 있었지, 포도주 짜는 틀에서 타작하고 있는 것이 아니었기 때문이다. 뭔가 의미가 있는 것 같은데 깨달을 수 없어 안타까운 마음으로 잠자리에 들기 위해 숙소로 돌아왔다. 숙소에는 함께 수련회에 참석한 선후배 목사님들이 이미 자리를 펴고 이런저런 이야기를 나누고 있었다. 목사님들의 대화에 조용히 참여하고 있는데, 선배 목사님이 불쑥 나에게 질문했다.

"이 목사님, 혹시 오늘 늦게까지 기도했는데 기도 중에 받은 말씀이 있나요?"

마치 내가 기도시간에 들었던 하나님의 음성에 대해 이미 알고 있는 사람처럼 나에게 물었다. 나는 그날 기도 중에 있었던 이야기를 나누었다. 나의 이야기가 끝나자 선배 목사님은 "하나님께서 큰 용사로 부르셨군요” 하며 하나님께서 나를 기드온처럼 사용하시려는 뜻이 있을 것이라고 격려해주셨다. 그날 밤 나는 성경을 펼쳐서 기드온 이야기를 다시 읽기 시작했다.

너는 가서 이 너의 힘으로 이스라엘을 미디안의 손에서 구원하라 내가 너를 보낸 것이 아니냐(삿 6:14)

하나님은 그동안 성령의 능력을 구하는 나에게 이미 대답하셨음을 깨닫게 되었다. “너에게 이미 구할 능력이 있으니 가서 사역하라. 내가 너를 보내지 않았느냐”라고 말씀하셨던 것이다. 이미 나에게 있는 능력, 내 안에 계시는 성령을 의지하여 사역하라는 말씀이었다. 의심하며 조금 더 확실한 성령의 영감과 능력을 구하고 있던 나에게 의심치 말고 담대히 사역의 자리로 나아가라고 말씀하고 계셨던 것이다. 순종의 문제였다. 하나님은 나에게 머뭇거리지 말고 순종함으로 당장 사역을 시작하라고 말씀하시고 계심을 깨닫게 되었다.

성령의 음성을 듣기 위해서는, 첫 번째 개인적인 말씀묵상이나 기도, 어떤 때는 설교말씀을 듣는 중에 **성령의 조명하심을 경험해야 한다.** 특별히 눈에 띄거나, 뭔가 끌리는 단어나 구절이 있다. 이것을 성령의 조명하심이라고 한다. 말씀이나 어떤 현상을 통해 성령께서 빛을 비춰주시는 것 같은 느낌이나 현상을 경험한다. 우리가 지금까지 배운 대로라면 소리 내어 읽는 중에 밑줄 긋고 강조하여 읽은 것을 말한다. 그동안 우리는 성령의 조명하심을 보다 더 잘 보고 느끼기 위해 그와 같은 훈련을 해왔다. 두 번째는 **내적인 음성을 경청해야 한다.** 이것은 보통 깨달음으로 다가온다. 머릿속에서, 어떤 때는 마음속에서 그 의미가 깨달아진다. 깨달음은 다양한 모습으로 나타나기도 하는데, 보이기도 하고 들리기도 하고 느껴지기도 한다. 세 번째는 **감정의 신호를 통해 마음에 평안함이 있어야 한다.** 어떤 때는 눈물을 주시는데 눈물이 마음의 평정을 찾게 만든다. 어떤 때는 이유를 알 수 없는 기쁨이 찾아오기도 한다. 어느 것 하나 해결된 것도, 실마리가 풀린 것도 아닌데 말이다. 성령께서 마음에 확신을 주신다. 이것을 내적 확신이라고 한다. 네 번째는 다른 사람의 말, 반드시 주변 환경을 통해 확인되어야 한다. 어떤 분은 내적인 확신이 너무 강한 나머지 사람들의 조언과 환경적 장애를 무시하며 나아가다가 실망하기도 한다. 사람들의 말이나 환경이 반드시 정확한 것은 아니다. 확인의 과정에서 사람들의 조언이 필요한 것이지 그것이 우선이 되어서는 안 된다. 그렇지만 무시할 수도 없다. 만약 모든 조건이 열리지 않았다면 조금 더 신중하게 하나님의 인도를 구하며 기다리는 것이 지혜로운 태도이다.

기드온은 끊임없이 스스로 무능하고 자격이 없다고 하나님께 항변했다. 그때마다 하나님은 기드온에게 확신을 주셨다. 말씀으로, 국과 무교전병을 불사르는 기적으로, 우리가 잘 아는 양털과 이슬을 통해 하나님은 확실한 증거를 보여주셨다. 심지어는 미디안의 군사들이 꿈을 이야기하는 것을 엿듣게 하여 부르심을 확신하도록 도우셨다. 이러한 과정을 거쳐 하나님의 인도하심을 확신한 기드온은 300명의 용사와 함께 적진을 향해 담대히 나아가 미디안을 무찔렀다. 나는 기드온 이야기를 묵상할 때마다 기드온과 내가 너무나도 닮았다는 생각이 든다. 이미 하나님의 분명한 표적과 확신의 과정이 있었는데도 그는 순간순간 하나님께 묻고 확신을 얻었다. 나는 이와 같은 기드온의 자세가 하나님의 음성을 듣고 인도를 경험하는 데 참 지혜로운 방법이라고 생각한다. 왜냐하면 그리스도인은 먼저 하나님의 음성을 정확하게 분별하는 좋은 청취자가 되고 나서, 적극적으로 순종하는 행동가가 되어야 하기 때문이다.

너희는 말씀을 행하는 자가 되고 듣기만 하여 자신을 속이는 자가 되지 말라 누구든지 말씀을 듣고 행하지 아니하면 그는 거울로 자기의 생긴 얼굴을 보는 사람과 같아서 제 자신을 보고 가서 그 모습이 어떠했는가를 곧 잊어버리거니와 자유롭게 하는 온전한 율법을 들여다보고 있는 자는 듣고 잊어버리는 자가 아니요 실천하는 자니 이 사람은 그 행하는 일에 복을 받으리라 (약 1:22-25)

아무리 대단한 하나님의 음성을 들었어도 순종하지 않으면 어떠한 역사도 없다. 당신이 만약 하나님의 음성을 들었다면 어떻게든 순종하기를 힘써야 한다. 테레사 수녀는 한때 하나님의 음성을 도무지 들을 수 없는 어둡고 고통스러운 시기를 겪었다고 한다. 그때 하나님께 간절히 빛을 비춰주시길 간구했다. 하지만 하나님은 이상하리만큼 침묵하셨다. 그런데 그녀는 그 순간에 하나님을 원망하거나 불안해하기보다는 하나님께서 자신에게 주셨던 마지막 말씀을 떠올렸다. 그리고 그 말씀에 온전히 순종하기 시작했다. 그러자 하나님의 음성이 다시 들리기 시작했다고 한다. 그렇지만 시간이 흐른 뒤 다시 하나님의 침묵을 경험하게 되었다. 그녀는 이제 더 이상 불안해하지 않고 마지막에 주셨던 말씀을 떠올리고 그 말씀에 온전히 순종했다고 한다. 그러면 언제나 다시 하나님의 음성을 들을 수 있었다고 고백했다.

나는 그녀의 이야기를 읽으면서 침묵의 순간, 하나님의 음성이 멈춘 것이 아님을 새삼 깨닫게 되었다. 가만히 생각해 보면 하나님이 침묵하셨을 때는 나의 귀가 닫혀 있었을 때였다. 나의 귀를 여는 열쇠는 다른 무엇이 아니라 바로 말씀에 대한 순종이다. 이미 들은 말씀에 순종할 때 나의 귀를 막고 있던 나의 생각, 의지, 경험, 사람들의 헛된 속삭임에서 벗어나 하나님의 온전한 음성을 들을 수 있다. 그러므로 하나님의 음성을 들었다면 지금 즉시 그 말씀에 순종하라.

순종하기 위해서는 분별력이 필요하다

교회의 지도자들이 사도 바울을 찾아왔다(행 21:10-13). 그들은 자신들이 보았던 환상을 근거로 사도 바울에게 예루살렘으로 가지 말 것을 당부했다. 사도 바울은 그들이 본 환상을 부인하지 않았지만, 그들의 뜻에 따를 마음은 없었다.

나는 이 장면을 묵상하다가 같은 환상을 보더라도 다른 결론을 내릴 수 있겠다는 생각이 들었다. 사도 바울이 결박당하는 환상에 대해 한쪽에서는 예루살렘으로 가지 말라고 하고, 사도 바울은 그럼에도 불구하고 예루살렘으로 갈 것을 각오했다. 더 많은 곳을 다니며 복음을 전하기 위해 예루살렘으로 가지 않는 것과 결박당할 것을 알고도 예루살렘으로 가는 것 중 어느 것이 하나님의 뜻일까? 쉽지 않은 문제다. 사도 바울은 예언자들의 말을 무시하고 예루살렘으로 갔다. 그리고 예언대로 결박을 당하고 말았다. 그렇다면 예언자들의 예언이 맞았으니 예언자들의 충고도 맞는 것일까?

사도 바울은 예언자들의 경고를 사실로 믿었다. 그러나 그들의 충고는 받아들이지 않았다. 사도 바울은 그의 앞에 다가올 결박을 피해야 할 일로 생각하지 않고 합력하여 선을 이루실 하나님의 계획으로 여겼을 것이다. 그는 하나님의 뜻을 분별하기 위해 눈앞에 보이는 현상보다는 큰 그림을 그렸다. 그것은 땅끝까지 이르러 증인이 되라는 주님의 말씀이었다. 결국 사도 바울은 결박당하였지만 그 결박으로 인해 로마까지 갈 수 있었다. 그것도 아무런 뱃삯도, 어떠한 경비도 들이지 않고 군사들의 호위를 받으며 로마로 가게 되었다. 분별의 때에 바울은 하나님의 관점에서 상황을 바라보았다. 그리고 그에게 주어진 사명에 집중했다. 그 결과 그는 결박을 두려워하지 않고, 다가올 고난을 준비하며 앞으로 나아갈 수 있었다. 사도 바울의 비장한 고백, "내가 달려갈 길과 주 예수께 받은 사명 곧 하나님의 은혜의 복음을 증언하는 일을 마치려 함에는 나의 생명조차 조금도 귀한 것으로 여기지 아니하노라"(행 20:24)는 말씀은 그가 어떤 기준으로 분별했는지를 깨닫게 해준다.

형제들아 나는 아직 내가 잡은 줄로 여기지 아니하고 오직 한 일·즉 뒤에 있는 것은 잊어버리고 앞에 있는 것을 잡으려고 푯대를 향하여 그리스도 예수 안에서 하나님이 위에서 부르신 부름의 상을 위하여 달려가노라(빌 3:13-14)

마음과 정신을 기울임으로 분별하라

하나님의 음성과 인도를 받는 데 분별의 중요성은 아무리 강조해도 지나치지 않는다. 하나님께서는 우리 각자에게 각각의 말씀을 주신다. 아무리 나의 상황을 잘 아는 분이라도 하나님께서 나에게 주신 말씀을 대신 말해줄 수는 없다. 내가 아무리 신령한(?) 목사라 할지라도 당신을 향한 하나님의 뜻이 무엇이라고 확신을 갖고 말해줄 수는 없다. 어떤 사람도 스스로 다른 사람을 위해 분별해줄 수 있다고 확신해서는 안 된다. 단지 추측해서 자신의 지식과 경험을 근거로 조언할 수 있을 뿐이다. 결국 우리 각자가 하나님 앞에서 말씀을 듣고 분별해야 한다. 그래서 분별력은 그리스도인의 삶에서 반드시 필요한 기술이다. 고든 스미스는 분별의 중요성에 대해 다음과 같이 말한다.

삶은 언제나 불완전한 것들과 애매모호한 것들로 가득 차 있다. 우리는 우리의 삶과 우리의 세계를 특징짓는 한계와 불완전함 안에서 항상 '최선의 것'을 분별하라는 부르심을 받는다.

우리는 최선의 것을 분별하는 방법을 배워야 한다. 최선의 것을 얻고자 노력하는 용기를 구해야 한다. 사도 바울은 "내가 기도하노라 너희 사랑을 지식과 모든 총명으로 점점 더 풍성하게 하사 너희로 지극히 선한 것을 분별하며 또 진실하여 허물 없이 그리스도의 날까지 이르고"(빌 1:9-10)라고 했다. 그렇다. 가장 힘든 선택은 선한 것들 중에서 지극히 선한 것을 분별하는 일이다. 이것은 좋고 저것은 나쁘다면 선택하는 데 무슨 문제가 있겠는가. 문제는 이것도 좋고 저것도 좋다는 것이다. 이것은 이래서 좋은데 이런 문제가 있고, 저것은 저래서 좋은데 저런 문제가 있다. 경쟁적으로 달려드는 선한 일들에 직면해서 최선의 것을 구하는 것은 보통 힘든 일이 아니다. 그래서 항상 하나님께 어떤 것이 하나님이 내게 요구하시는 지극히 선한 것인지 물어야 한다.

후배 목사님이 새로운 사역지를 구하기 위해 기도하며 하나님의 인도를 구하고 있었다. 오랜 시간 사역하던 곳을 떠나려고 하는데, 함께하는 가족들의 의견, 자신의 형편과 능력, 나이 등 이것저것 고려하다 보니 쉽지 않았다. 그때 한곳에서 함께 사역하고 싶으니 당장 오라는 연락을 받았다. 그런데 막상 오라고는 하는데 마음이 썩 내키지 않아 매일 묵상시간에 하나님의 뜻을 분별해보기로 했다. 며칠이 지나 결정해야 하는 시간이 왔다. 너무도 답답해서 기도실에 들어가 간절히 하나님의 뜻을 구하고 있는데 마음 한구석에서 이런 소리가 들렸다.

'너, 그곳에 가고 싶니?'

목사님은 그곳에 가야 하는 목적과 이유는 깊이 생각해보지 않고 자신의 필요와 요구가 맞아떨어졌기 때문에 당연히 그곳이 가야 할 곳이라고 생각하고 있었음을 깨닫게 되었다. '나는 정말 가고 싶은가? 왜 가려고 하나?' 그렇게 자신에게 질문을 던지며 기도하는데 하나님께서 자신에게 온전한 신뢰가 부족함을 깨닫게 해주셨다고 한다. 만약 그곳을 선택하면 하나님의 인도를 따라 선택한 것이 아니라 상황과 형편에 이끌려 선택했다는 생각 때문에 두고두고 후회하게 될 것이라는 생각이 들었던 것이다. 그래서 하나님의 물음에 "아니오"라고 대답했다고 한다. 그렇게 대답한 뒤로 목사님의 마음이 어느 때보다 평안해져 있음을 느낄 수 있었다고 한다. 미래에 대한 불안이 마음에 원치도 않는 것을 움켜쥔 채 갈등하게 만들었던 것이다.

때로는 하나님을 신뢰하고 지극히 선한 것을 분별하기 위해 차선을 내려놓는 지혜가 필요하다. 그래서 영적 분별이란 우리가 세상을 향해 용기 있고 온전하게 응답하는 태도를 말한다. 분별은 세상과 직면한 상황에 대해 분명하게 보게 하며 바르게 응답하도록 돕는다. 고든 스미스는 말한다.

분별은 자신의 소명을 아는 능력, 또는 직업이든 자원 봉사 영역에서든, 이 시간에 이 장소에서 에너지를 어떻게 쏟으라고 부름 받았는지를 아는 능력을 포함한다. 분별은 또한 도덕적인 분별을 내포한다. 이 두 가지는 모두 그리스도의 부르심에 응답하여 세상에서 어떻게 행동해야 하는가를 분별하는 것과 관련되어 있다.

우리는 종종 먼 미래를 향한 하나님의 계획에 집중하는 실수를 범한다. 그런데 하나님은 언제나 이 시간 이 자리에서 내가 어떤 사람이 되고 무엇을 알아가길 원하신다. 그러므로 최선의 것을 분별하려고 한다면 먼저 지금 자신과 자신을 둘러싼 세상을 보는 눈을 가져야 한다. 그리고 정직한 자세로 그 상황에 직면할 때 하나님의 지극히 선한 것을 분별하게 될 것이다.

분별력은 성숙한 그리스도인의 표지

성경은 영적인 아비와 청년과 아이가 존재한다고 말씀한다.

아비들아 내가 너희에게 쓰는 것은 너희가 태초부터 계신 이를 알았음이요 청년들아 내가 너희에게 쓰는 것은 너희가 악한 자를 이기었음이라 아이들아 내가 너희에게 쓴 것은 너희가 아버지를 알았음이요 아비들아 내가 너희에게 쓴 것은 너희가 태초부터 계신 이를 알았음이요 청년들아 내가 너희에게 쓴 것은 너희가 강하고 하나님의 말씀이 너희 안에 거하시며 너희가 흉악한 자를 이기었음이라(요일 2:13-14)

여기서 우리가 집중해야 할 것은 '알았음'이라는 단어이다. 아이는 하나님 아버지를 알게 되었다. 자신을 구원하시고 자녀 삼아주신 하나님을 알게 되었다는 말이다. 그런데 성숙한 영적 아비가 되면 태초부터 계신 하나님을 알게 된다고 한다. 무슨 말인가? 아비가 되면 하나님의 뜻을 알게 되고, 섭리를 깨닫게 되어 하나님께서 태초부터 작정하시고 계획하신 뜻과 생각을 영적 자녀에게 가르치게 된다는 말이다. 장성한 아비는 단단한 음식을 먹을 수 있는 사람인데, 그는 지각을 사용하므로 연단을 받아 선악을 분별하는 사람이다(히 5:14). 어떤 점에서는 한 사람의 영적 성숙도는 그의 분별력과 비례한다고 해도 과언이 아니다. 그러므로 영적 분별력을 키우는 것은 영적으로 성숙한 단계로 나아가는 방편이 된다. 그런데 이러한 영적 분별력은 세월이 지나간다고 해서 생기는 것이 아니라 모든 지혜의 근원이신 하나님을 알아갈 때 생긴다. 성경은 반복적으로 하나님을 경외하는 것이 모든 지식과 지혜의 근원이라고 말씀한다. 그래서 하나님을 알아가야 하는 것이다. 하나님을 알아가는 제일 좋은 방법은 바로 하나님과 하나님의 말씀을 묵상하는 것이다.

세미한 소리로 인도해주신다

분별의 때에 사단은 우리를 혼란스럽게 만들고 여러 가지 환경을 통해 우리를 속인다. 사단의 주 무기는 두려움과 혼돈과 의심이다. 우리의 마음속에 막연한 두려움을 갖게 만들어 가만히 앉아 있지 못하게 만든다. 우리의 내면이 정돈되지 못하도록 계속해서 방해하며 복잡하게 얽힌 실타래를 어떻게 풀어야 할지 몰라 당황하게 만든다. 어떤 때는 하나님의 음성을 들었음에도 불구하고 주저하게 만든다.

예수님은 씨 뿌리는 자의 비유에서 가시밭에 떨어진 씨앗에 대해 말씀하셨다. 말씀을 듣지만, 세상의 염려와 재물에 대한 유혹과 그밖의 여러 가지 욕심이 말씀을 가로막아서 열매를 맺지 못하는 사람이라고 하셨다(막 4:18-19). 이것이 바로 주저함이다. 우리도 하나님의 뜻을 이미 알고 있음에도 불구하고 망설이고 차일피일 미룰 때가 있다. 그때는 우리의 숨은 동기를 하나님 앞에서 정직하게 살펴볼 수 있어야 한다.

분별의 때에 우리가 집중해야 할 것이 있는데 하나님은 지금 이 시간 이 자리에서 내가 어떤 사람이 되길 원하시는지 묻는 것이다. 하나님께 묻고 하나님께서 말씀하시도록 침묵하며 인내심을 갖고 기다리다 보면 하나님은 우리에게 세미한 음성을 들려주신다. 그런데 어떤 이는 하나님께서 큰 소리로 말씀해 주시면 더 잘 들을 수 있을 거라고 생각한다. 하나님께서 큰 소리로 말씀하실 수 있지만 그러시지 않는 것은 우리가 하나님의 큰 소리를 듣고 깨달을 만한 능력이 없기 때문이다. 사람들과 대화할 때를 생각해보면 큰 소리보다 작은 소리가 우리를 더 집중하게 만들고 긴장하게 만드는 것을 경험한다.

나의 경우는 누군가가 큰 소리로 말하면 일단 반감이 생기는데 무엇을 당장 하라고 강요하거나 야단치는 것 같기 때문이다. 그렇지만 작은 소리로 진지하게 말하면 쉽게 받아들이고 마음속에 잔잔하게 긴 여운으로 남는 것을 경험한다. 하나님의 산 호렙에서 여호와를 기다리던 엘리야는 큰 소리와 강한 바람과 지진과 불 가운데 하나님을 만나지 못했다. 그는 모든 것이 지나가고 난 뒤 들려오는 세미한 소리에 귀를 기울여야 했다.

언젠가 기도시간에 하나님께 이런 질문을 던졌다. "하나님, 제가 어떤 목회자가 되길 원하십니까?" 정말 마음 깊은 곳에서 나오는 진지한 물음이었다. 그 물음에 답을 구하며 침묵하며 기다렸다. 한동안 그렇게 기도하는데 오기도 생기고 간절함도 깊어져갔다. 이제는 큰 소리로 하나님을 불렀다. 하나님의 음성을 들려주시길 강청했다. 한겨울 세찬 바닷바람처럼 그렇게 하나님께 몰아쳐대고 나니 목도 쉬고 힘도 빠졌다. 그때 나의 영혼의 깊은 곳에서부터 이런 질문이 들려왔다.

'네가 나를 사랑하느냐?'

예수님께서 부활하신 후 갈릴리에서 베드로를 다시 만나셨을 때 하셨던 말씀이었다. 나는 지금 어떤 사람이 되어야 하느냐고 묻고 있는데 주님은 나에게 사랑하느냐고 물으셨다. 이 질문에 대답하지 않으면 주님께서도 나에게 답을 주시지 않을 것 같았다. '네, 사랑합니다.' 나는 담담하게 대답했다. 그런데 다시 질문이 들려왔다. '네가 나를 사랑하느냐?' 다시 나는 대답했다. '네, 물론 사랑합니다. 당연한 거 아닌가요?' 그렇게 대답하는데 다시 질문이 들려왔다. '네가 나를 사랑하느냐?' 그때서야 비로소 나는 깨달았다. 베드로에게 하셨던 것처럼 나에게 묻고 계신 주님의 마음을 말이다. 주님은 지금 나의 입술로 사랑을 고백하길 원하고 계셨다. "사랑합니다. 주님 사랑합니다. 주님! 사랑합니다!" 처음에는 작은 소리로 시작했던 사랑 고백을 어느새 주위 시선에 아랑곳하지 않고 큰 소리로, 아니 목이 터져라 외쳤다. 그렇게 한참을 외쳤는데도 주님은 다시 물으셨다.

'네가 나를 사랑하느냐?'

그땐 정말 눈물이 났다. 답답하기도 하고 나의 진심을 보여

드리고 싶은데 방법이 없었다. 그런데 이상한 일이 벌어졌다. 눈물로 주님 사랑한다고 고백하는데, 마음 깊은 곳에서부터 주님의 사랑이 그냥 느껴졌던 것이다. 형언할 수 없는 주님의 사랑이 나의 마음을 가득 채우고 나니 이전과는 다른 감격의 눈물이 났다. 내 입술에서 이전에 드렸던 사랑 고백과는 전혀 달랐다. 빈틈없이 채워놓은 선물상자처럼 꽉 찬 사랑의 고백이 흘러나왔다.

"주님 제가 주님을 사랑합니다. 제가 사랑하는 줄 주님께서 더 잘 아십니다."

격랑이 일던 바다가 잔잔해지면 수평선 너머로까지 흘러가는 바닷길이 보이는 것처럼 주님께서 나의 길을 보여주셨다. 그리고 말씀하셨다.

'나는 네가 살리길 원한다.'

베드로에게 "내 양을 먹이라"고 하셨던 것처럼, 또 그의 앞날에 대해 말씀하신 것처럼, 나에게 사람을 살리고 가정을 살리고 교회를 살리고 지역을 살리고 민족과 열방을 살리는 사역을 하라고 하셨다.

주님은 말씀하신다. 언제나 주님은 나에게 작은 소리로 말씀하신다. 큰 소리로 말씀하실 수 없어서가 아니라 내 영혼의 격랑이 잦아들지 않는다면 어떤 소리도 우리의 영혼을 울릴 수 없음을 알고 계시기 때문이다. 그래서 나의 마음이 잔잔해질 때까지 침묵하며 기다리셨다가 비로소 나의 영혼을 울리는 세미한 소리로 말씀하신다. 그러므로 우리 영혼에 불어오는 세찬 바람이 무엇인지 깨달아야 한다. 나는 왜 하나님의 뜻을 알고 싶어 하는가? 왜 나의 삶을 답답해하고 있는가? 지금 나를 선택의 기로에 서게 만드는 숨어 있는 나의 갈망은 무엇인가? 자기 자신에게 묻고 하나님께 물어야 한다. 그 물음이 진지하면 진지할수록 우리는 더 깊은 묵상의 자리로 나아가게 된다. 그리고 깊은 곳에서 들려오는 주님의 세미한 소리, 진정으로 우리의 깊은 곳을 찌르는 음성을 듣게 될 것이다. 그 음성은 우리가 최선의 것을 분별할 수 있도록 도와준다.

'네가 나를 사랑하느냐?'라는 질문을 통해 주셨던 주님의 음성은 최선의 분별에 대해 한 가지를 깨닫게 해주었다. 그것은 바로 사랑이다. 우리는 다양한 하나님의 음성을 듣는다. 단순하라. 집중하라. 놓으라. 감사하라. 내려놓으라. 믿으라. 헌신하라. 기도하라. 전하라. 축복하라. 어떤 때는 믿음, 평화, 감사, 소망, 인내, 전도, 헌신, 위로, 고독, 공동체, 침묵, 우정, 양육, 예배, 기도, 정의 등의 단어들을 떠오르게 하신다. 그런데 이러한 메시지들을 아우르는 것이 바로 사랑이다. 사랑은 모든 것의 시작이고 모든 것의 마침이기 때문이다. 사랑하기에 하나님의 음성을 듣고 싶고, 사랑하기에 하나님의 음성을 따라 살고 싶고, 사랑하기에 하나님의 뜻에 가장 적합한 최선의 선택을 하고 싶은 것이다. 그런데 신기한 것은 우리가 그렇게 우리의 사랑을 고백하면 오히려 우리를 향한 하나님의 형언할 수 없는 사랑, 그 사랑에 감사하여 나의 모든 것 중 최선의 것을 드리게 된다. 하나님의 사랑에 매여 사랑하고 사랑받는 삶을 살아가길 소원하는 마음의 자세, 이것이 하나님의 인도를 받기 위해 하나님의 뜻을 분별하려는 이들이 결국 도달해야 할 경지이다. 이때 온전한 하나님의 음성과 인도를 경험하게 된다.

신앙생활의 최고의 경지는 하나님의 사랑을 알고 그 사랑에 항복하여 하나님의 사랑에 자신을 내어드리는 것이다. 하나님의 사랑을 알고 나면 하나님의 사랑이 나를 이끌어가는 것이 행복하고 기쁜 일이 된다. 그때는 하나님 앞에서 무엇을 분별한다는 것이 의미가 없다는 것을 깨닫는다. 사랑에 항복하라. 하나님은 예수님을 향해 "이는 내 사랑하는 아들이요 내 기뻐하는 자라"고 말씀해주셨다. 이 말씀보다 더한 사랑의 확신은 없다. 나는 예수님께 확신을 주신 하나님께서 오늘 우리에게도 동일하게 "내 사랑하는 아들이요 내 기뻐하는 자라"고 말씀해주실 것이라고 믿는다. 지금 눈을 감아보라. 잠잠히 기다려보라. 하나님을 떠올려보라. 그리고 그분의 세미한 음성에 귀를 기울여보라. 하나님은 지금 당신에게 말씀하신다.

10장

말씀에 순종하기

뜻밖에 찾아오시는 하나님

하나님은 우리 가정에 특별한 선물을 주셨다. 큰 아이 시은이와 열세 살 차이가 나는 둘째 연우를 주신 것이다. 나는 연우를 통해 뜻밖에 찾아오시는 하나님의 은혜를 경험하고 있다. 연우가 아주 어렸을 때의 일이다. 7개월 정도 된 녀석이 온갖 힘과 용을 써가며 뒤집기를 시도하다가 자기 뜻대로 되지 않는다고 짜증내며 소리치는 것이었다. 아이의 모습에서 문득 예수님의 모습을 발견했다. 뒤집기를 하려고 아등바등하는 모습에서 예수님의 어린 시절이 생각났다.

'예수님도 그러셨겠구나. 예수님도 연우처럼 어린 시절 저렇게 누워 계셨겠구나.'

우리는 예수님께서 동정녀 마리아에게 나셨고, 우리와 같이 어린 시절을 보내셨음을 믿고 있다. 그런데 우리의 기억 속에는 어린 시절의 예수님이 아니라 성인이 되어 인자하고 능력 많은 하나님의 아들 예수님에 대한 이미지가 많다. 성탄절이 되면 "그 어리신 예수 구유에 누워" 하며 아기 예수님에 대해 노래하지만, 정작 예수님의 어린 모습이 나에게 어떤 의미가 있는지 생각해 본 적이 없었던 것 같다.

그런데 어린 연우의 모습에서 예수님을 발견한 것이다. 예수님도 우리 아이처럼 그렇게 누워 계셨다. 혼자서는 아무것도 할 수 없는 그런 시절을 보내셨다. 만약 누군가가, 사탄이 마음만 먹었다면 강보에 싸인 아이를 들고 도망을 가버려도 아무것도 할 수 없어 그냥 그렇게 당해야만 하는 아기 예수님이셨다. 보이지 않는 하나님의 손이 아니라, 어머니 마리아의 손을 의지하지 않으면 한순간도 살 수 없는 그런 때를 보내셨다. 또 하늘의 영적인 만나가 아니라 당장 엄마의 젖꼭지를 꼬옥 깨물며 헐떡이듯 빨아대는 아기처럼 그렇게 엄마의 젖을 사모하는 때를 보내셨다.

방바닥에 누워 자신의 몸을 뒤집지 못해 힘들어하는 연우가 예수님처럼 보였다. 어떻게 도와줘야 하나 고민하며 쳐다보던 나의 눈에는 어느새 눈물이 고였다.

'그렇게 예수님이 사셨구나. 나를 위해 하늘 영광 버리고 오셔서 그렇게 사셨구나. 우주보다 크신 하나님의 아들이 작은 아기의 몸 안에서, 천지만물을 말씀으로 창조하신 하나님의 아들이 아무 말도 못한 채 그렇게 누워서 몸을 뒤집기 위해 애쓰는 아기로 사셨구나. 주님, 감사합니다. 나를 위해 이 땅에 오신 주님! 사랑합니다'

나는 연우의 모습을 통해 예수님과 뜻밖의 만남을 가졌다. 뜻밖의 만남을 영어로 '세렌디피티'(serendipity)라고 한다. 나는 이 단어를 참 좋아한다. 일상생활 속에서 어떻게 하나님을 발견하고, 하나님의 임재를 경험하는 삶을 살아갈 것인가에 대해 고민하던 시절 나에게 큰 깨달음을 주었던 단어이다. 연우를 통해 예수님을 만난 것처럼 이 단어를 묵상하면 할수록 나를 더욱 깊은 하나님의 세계로 인도해 주는 것을 느낀다. 나에게 세렌디피티를 소개해 준 사람은 마이클 프로스트이다. 그는 다음과 같이 말한다.

기독교 신앙은 그 전신인 유대교와 같이 '시기적절함'(timeliness)의 종교이다. 히브리인들은 창조 세계에서 하나님을 볼 뿐 아니라 역사 가운데서도 하나님의 손길을 발견했던 민족이었다. 그들은 하나님이 역사상 시공간 속에서 자신을 계시하시는 분으로 믿었다. 그들이 믿었던 하나님이 그런 분이었다면 우리는 공간에서뿐 아니라 시간 속에서도 그분을 발견할 준비가 되어 있어야 한다.

세렌디피티는 전혀 예상치 못한 때에 얻은 뜻밖의 깨달음이

나 우연한 만남을 뜻한다. 이것은 하나님의 음성을 듣고 하나님의 임재를 경험하려는 우리에게 반드시 기억해야 할 단어이다.

하나님은 우리에게 말씀하실 때 "자, 이제 귀를 쫑긋 세우고 잘 들어봐!" 하며 말씀하시지 않는다. 하나님이 우리에게 말씀하실 때를 가만히 생각해보라. 언제, 어떤 때였는가? 우연히 길을 걷다가, 혼자 생각에 잠겼을 때, TV에서 열심히 살아가는 사람을 만날 때, 신문을 보다가, 심지어는 전혀 예수님을 믿지 않는 어떤 사람의 말 속에서 하나님의 음성을 듣기도 한다. 그래서 하나님은 뜻밖에 찾아오시는 분이다. 예기치 못한 은혜를 경험하는 순간이다.

눈과 귀를 집중하라

우리에게는 눈과 귀를 항상 하나님께 집중하는 이목(耳目)집중 훈련이 필요하다. 하루를 보내면서 내가 만나는 사람, 마주치는 사물들, 문득 떠오르는 생각, 기억 속에 맴도는 말과 같은 것에 이목을 집중하는 훈련을 해야 한다. 하루 종일 모든 것에 집중할 필요는 없다. 그래서 우리는 성경을 묵상할 때 배웠던 방법을 사용해야 한다. 기억하고 있는가? 성경을 소리 내어 읽고, 표시하며 읽고, 강조하며 읽고, 생각하며 읽는 방법 말이다. 이 훈련을 통해 우리는 하나님의 세미한 음성을 붙드는 훈련을 했다. 표시하고 강조하여 읽고 생각하는 과정을 통해 말씀을 간직하려고 했던 것이다. 그리고 그 간직한 말씀을 묵상함으로 이해와 깨달음을 얻어 삶의 변화를 읽으키고자 했다. 말씀묵상의 방법처럼 우리가 기도 중이나 일상생활 속에서 눈과 귀를 집중시키고, 마음에 남게 하는 어떤 일이나 말, 그리고 상황을 마음에 간직하고 묵상하는 훈련이 필요하다. 이때 조심해야 할 것이 있다. 그것은 사람의 말이나 환경에 집중하면 안 된다는 것이다. 자신을 힘들게 한 사람의 말, 억울한 상황에 대해 집중하기보다 그 말과 환경을 통해 하나님께서 나에게 무슨 말씀을 주시는지, 하나님의 어떤 모습이 보이는지에 대해 집중해야 한다. 그렇게 작은 실마리를 가지고 묵상하기 시작하면 예수님께서 말씀하신 가루 서 말 속에 누룩이 하나 들어와 반죽을 부풀어 오르게 하는 것과 같은 일이 일어난다. 내가 묵상하던 말씀이 나의 심령 속에서 부풀어오른다. 나의 생각과 마음과 영혼에 가득 채워진 것을 느낀다. 말씀이 나를 주장하기 시작한다. 어떤 때는 눈물이 나기도 하고 기쁨이 넘치기도 한다. 감사한 마음에 사로잡혀 연신 감사를 외치기도 하고, 자신을 한탄하며 회개하기도 한다. 이 모든 일의 시작은 이목집중에서 시작한다. 묵상은 이목집중의 시간이다. 그래서 평소에 말씀묵상 훈련이 잘되어 있는 사람일수록 일상생활 속에서 하나님을 발견하는 이목집중이 잘 되는 것이다. 자신의 삶에서도 밑줄을 긋고, 강조하여 생각하는 습관이 길러졌기 때문이다.

일상생활에서 뜻밖에 만나던 것들에 대해 소중히 여기고, 눈과 귀를 집중해보라. 그러면 하나님의 음성을 듣게 될 것이다. 뜻밖의 때에 뜻밖의 장소에 찾아오시는 하나님을 만나게 될 것이다.

분별을 가로막는 장애물들

많은 일로 염려하고 근심하나 몇 가지만 하든지 혹은 한 가지만이라도 족하니라(눅 10:42)

예수님이 마르다에게 하셨던 말씀이다. 결국 우리는 여러 가지 선한 일 가운데 한 가지를 선택해야 하는 결단을 해야 한다. 결단을 내리는 것은 여전히 우리의 책임이다. 하나님이 우리를 대신해서 선택해주시지 않는다. 그러므로 분별하는 능력과 지혜롭게 결단하는 능력은 영적 성숙을 나타내는 중요한 표징이 된다. 우리 믿음이 성숙하고 지혜가 성장할 때 배우는 기술이 바로 분별이기 때문이다. 세상의 어느 누구도 온전한 분별력을 지녔다고 장담할 수 있는 사람은 없다. 우리는 끊임없이 분별을 훈련하고 최선을 다해 하나님의 뜻을 분별해야 한다. 이를 위해 뜻밖에 찾아오는 선택의 순간에 분별을 가로막는 장애물들을 제거해야 한다. 자, 그럼 분별을 가로막는 장애물에 대해 살펴보자.

무지함

하나님을 제대로 알지 못한다면 올바른 분별을 할 수 없다. 더군다나 하나님의 사랑에 대한 바른 이해와 지식이 없다면 우리는 항상 마음이 불안할 수밖에 없다. 우리가 믿는 하나님이 어떤 분이며, 우리에게 어떤 사랑을 베푸시는지 정확히 알아가길 힘써야 한다.

하나님에 대한 무지는 하나님을 오해하게 만든다. 오래 참으시고 자비와 긍휼이 풍성하신 분이 바로 하나님이라는 사실에 대해 모르는 사람은 하나님 앞에서 늘 죄인과 같은 심정으로 살아간다. 하나님을 향한 오해에서 벗어나기 위해 하나님을 알아가길 힘써야 한다.

그러므로 우리가 여호와를 알자 힘써 여호와를 알자 그의 나타나심은 새벽 빛 같이 어김없나니 비와 같이, 땅을 적시는 늦은 비와 같이 우리에게 임하시리라 하니라(호 6:3)

교만

모든 죄 중에서 가장 큰 죄가 바로 교만이다. 교만은 악하고, 오만하고, 자기를 높이고, 자기 의를 추구하는 특성을 지니고 있다. 교만의 뿌리에는 자기 자신을 가장 높은 자리에 두는 마음, 자신을 하나님이 인정하시는 것보다 더 높이려는 마음이 자리하고 있다. 그래서 어떤 사람은 교만을 영적인 암(癌)이라고 한다.

가나안의 큰 성이요, 난공불락의 요새와 같았던 여리고성 전투에서 대승을 거둔 여호수아는 교만함으로 분별력을 잃어버렸다. 그는 아이성을 공격할 때 하나님의 도움을 구하거나 신중하게 치밀한 전략을 세우지 않고 너무 쉽게 생각했다. 그의 마음에 교만이 찾아왔던 것이다. 그의 교만함으로 인해 이스라엘은 아이성 전투에서 패하고 말았고 결국 여호수아는 자신의 교만함을 하나님께 고백할 수밖에 없었다.

교만은 하나님의 뜻을 바르게 분별하지 못하도록 방해한다. 그리고 스스로 하나님이 되어 스스로 결정하고 일하도록 우리를 속인다. 그래서 교만은 패망의 선봉이며 거만한 마음은 넘어짐의 앞잡이 역할을 한다(잠 16:18).

불안

하나님은 우리에게 평안을 주시는 분이다. 그런데 우리는 자주 불안을 느낀다. 불안은 어디서 오는가? 미래가 불투명할 때 불안을 느낀다. 불안은 사람을 조급하게 만든다. 그래서 평소에는 상식적인 선택을 내릴 수 있는 일도 불안이 찾아오면 잘못된 선택을 하게 되는 것이다. 불안의 가장 큰 원인은 스스로 삶을 통제할 수 없어서 찾아오는 강박증이다. 일어난 일보다는 일어나지 않은 일로 인해 더 큰 불안을 느낀다.

시은이가 어릴 때의 일이다. 자전거 타는 법을 가르치기 위해 공원으로 나갔다. 처음부터 잘 탈 것이라고는 기대하지 않았지만 생각보다 가르치는 것이 쉽지 않았다. 시은이를 사로잡고 있는 불안감을 떨쳐내는 것이 쉽지 않았기 때문이다. 자전거 뒤를 잡고 한참을 따라다녔다. 시은이는 계속 뒤를 힐끔힐끔 쳐다보며 내가 뒤에서 잡고 있는지 확인하고 확인했다. 시은이는 계속 "아빠, 손 놓으면 안 돼" 하며 나를 의지했다.

그런데 어느 순간 시은이에게 자전거에 대한 불안한 마음보다 자전거 타기의 즐거움이 더 커진 것 같았다. 그때 나는 아이 몰래 자전거에서 손을 놓았다. 아이는 언제 그랬냐는 듯 신나게 자전거의 페달을 밟으며 앞으로 나아갔다. 나는 자전거에서 손을 뗐지만 언제라도 넘어지면 잡아 주려고 간격을 유지하며 달렸다. 비록 자전거를 잡고 있지는 않지만 잡고 있는 것처럼 함께 달리는 나의 모습처럼, 하나님도 우리의 허리춤을 잡고 계시지는 않지만 우리와 함께 동행하시며 언제라도 나를 붙잡아주신다는 사실을 항상 믿어야 한다. 그리고 하나님을 의지해야 한다. 불안을 극복하는 가장 좋은 방법은 우리와 동행하시는 하나님을 철저히 신뢰하는 것이다.

침묵

중요한 선택의 때에 하나님의 침묵은 우리를 힘들게 한다. 기도를 했는데 하나님이 묵묵부답이시다. 묵상을 한다고 시간을 들여서 성경을 읽고 생각에 생각을 거듭하지만 하나님은 아직도 침묵하고 계신다. 사실 우리는 하나님의 음성을 들었던 때보다 하나님의 침묵을 더 많이 경험한다. 그래서 우리는 하나님의 침묵에 익숙해져야 한다. 하나님의 침묵은 어떤 의미에서 응답의 전조이기 때문이다. 하나님은 침묵하고 계시지만 나의 영혼과 마음에는 끝없는 갈등과 내적 싸움이 일어나고 있다. 그래서 나는 하나님의 침묵이 느껴질 때면 스스로 이렇게 외친다. '하나님은 역사하십니다. 하나님은 지금 일하고 계십니다. 침묵은 하나님이 일하시고 계시는 증거입니다.' 그렇게 한참을 외치다 보면 어느새 하나님을 향한 깊은 신뢰가 나의 마음과 생각을 주장하고 있는 것을 느낀다. 시편 42편은 하나님의 침묵하심 가운데서 어떻게 더 깊은 신뢰의 자리로 나아갈 수 있는지를 보여준다.

하나님이여 사슴이 시냇물을 찾기에 갈급함 같이 내 영혼이 주를 찾기에 갈급하나이다 내 영혼이 하나님 곧 살아 계시는 하나님을 갈망하나니 내가 어느 때에 나아가서 하나님의 얼굴을 뵈올까 사람들이 종일 내게 하는 말이 네 하나님이 어디 있느뇨 하오니 내 눈물이 주야로 내 음식이 되었도다 내가 전에 성일을 지키는 무리와 동행하여 기쁨과 감사의 소리를 내며 그들을 하나님의 집으로 인도하였더니 이제 이 일을 기억하고 내 마음이 상하는도다 내 영혼아 네가 어찌하여 낙심하며 어찌하여 내 속에서 불안해하는가 너는 하나님께 소망을 두라 그가 나타나 도우심으로 말미암아 내가 여전히

찬송하리로다(시 42:1-5)

시편 기자는 자신의 영혼을 향해 하나님께 소망을 두라고 외친다. 이것이 하나님의 침묵 앞에서 우리가 해야 할 반응이다. 하나님께서 침묵하실 그때는 내가 죽는 시간이다. 나의 자아가 죽어가는 시간이다. 무엇이라도 손에 쥘 수 있고, 눈에 보이는 것을 하려는 나의 의지가 죽고 나의 교만이 죽는 시간이다. 그래서 하나님의 침묵은 오히려 우리를 더욱 깊은 신뢰와 영적 성숙의 길로 인도하는 하나님의 훈련 방식인 것이다. 제임스 에머리 화이트는 하나님께서 침묵하실 때 우리에게 주시는 선물을 소개한다.

나는 해결해야 하는 죄를 발견하게 된다.
나는 버려야 하는 행동 패턴을 알게 된다.
내가 누구인가에 대해 전에는 갖지 못했던 통찰력을 갖게 된다.
전에는 결코 경험하지 못했던 하나님과의 깊은 관계를 발견한다.

침묵은 우리를 성장케 한다. 하나님의 침묵은 더 깊은 은혜의 자리로 이끄시는 하나님의 사랑이다. 그러므로 하나님의 침묵의 때를 즐길 수 있어야 한다. 성급한 선택과 결정보다 자신과 싸워 승리하는 소망의 인내를 훈련해야 한다.

세례 요한의 제자들은 예수님과 그의 제자들이 유대지방에 와서 세례를 베푼다는 소식을 듣고 몹시 흥분했다. 그들을 더욱 흥분하고 긴장하게 만든 것은 사람들이 예수님께로 몰려간다는 소문 때문이었다. 제자들은 세례 요한에게 달려가 말했다. "랍비여 선생님과 함께 요단 강 저편에 있던 이 곧 선생님이 증언하시던 이가 세례를 베풀매 사람이 다 그에게로 가더이다"(요 3:26). 제자들은 세례 요한에게 예수님과 그의 제자들이 자신들과 경쟁을 시작했고, 지금 사람들이 그쪽이 많이 몰려가고 있는 심각한 상황에 대해 말한 것이다. 제자들은 세례 요한의 사역과 예수님의 사역을 경쟁이라는 관점에서 보았다. 경쟁은 비교의식을 자극해서 사람을 조급하게 만든다. 실제로 모든 사람이 예수님께로 간 것은 아니다. 그런데 그렇게 느껴지게 만든다. 그래서 더욱 마음이 불안해지고 염려로 가득하게 되는 것이다.

비교의식을 가지면 올바른 선택과 결정을 하기 어렵다. 내가 남보다 앞서고 있다면 스스로 자만하게 되고, 뒤처져 있다고 생각하면 불안하다. 나의 경험으로 볼 때 비교의식을 극복하는 좋은 방법은 하나님의 때가 다름을 인정하는 것이다. 남들과 비교해서 늦게 가는 것이 아니라 나는 다른 코스로, 다른 속도로 가고 있음을 스스로에게 각인시키는 것이다. 그들과 동일한 경쟁 선상에서 시작하지 않았다고 스스로에게 말한다. 어떤 때는 종목이 다름을 인정하라고 스스로에게 말하기도 한다. 그들은 단거리 선수이고 나는 장거리 선수라고 말이다.

지금까지 살아오면서 과거를 돌아보면 대체로 나는 늦은 편에 속했다. 그래도 어느 것 하나 이루어지지 않은 것은 하나도 없었음을 알고 있다. 또한 가장 좋은 것을 가장 좋은 때에 얻었음을 깨달았다. 하나님은 나를 다른 사람과 같은 환경과 처지에 두지 않으셨을 뿐만 아니라, 나에게 다른 사람과 같은 목표와 결과를 기대하지 않으신다. 하나님은 각자의 분량대로 하나님을 사랑하고 섬기며 자신의 삶의 영역에서 하나님의 뜻을 이루는 삶을 살아가길 원하신다. 그러므로 하나님께서 가장 좋은 때에 가장 좋은 방법으로 나를 위한 특별한 것을 준비해두셨음을 믿어야 한다.

비교의식을 극복하려면 마음속에서 일어나는 조급함을 버리고 가만히 멈춰 서야 한다. 그런 다음 하나님과 그분의 말씀을 묵상하며 그분의 임재를 구하는 기도를 드려야 한다.

너희가 내 안에 거하고 내 말이 너희 안에 거하면 무엇이든지 원하는 대로 구하라 그리하면 이루리라(요 15:7)

지금 이 순간 하나님의 충만한 임재로 영혼을 채울 때 분별을 방해하는 모든 장애물은 사라지고 온전한 하나님과의 친밀한 연합을 경험하게 될 것이다. 이것이 하나님의 뜻을 가장 잘 분별하는 비결이다.

한 번에 하나씩 순종하라

남은 인생을 무얼 하며 살아야 할까? 미래에 대한 불안이 나를 짓눌렀다. 그러던 어느 날, 요양 중이던 친구가 내게 충고했다.

"옳다고 생각되는 쉬운 일부터 시작해."

"그거면 돼?"

나도 그건 할 수 있었다.

나는 대학을 졸업하고 싶었고, 억지로 해야 하는 일이 아니라 좋아하는 일을 하고 싶었다. 하지만 뭘 전공하지? 학비는 어떻게 마련하지? 그 전공을 살려서 무슨 일을 하지? 답이 없는 질문이 너무나 많았다.

하루는 엄마가 내게 다음 단계를 알려주었다.

"일단 모집 요강부터 받아오렴."

"그거면 돼?"

나도 그건 할 수 있었다. 당장 모집 요강을 받아왔다. 모집 요강을 여러 번 살펴보면서 어떤 강좌가 가장 마음에 끌리는지 생각해보았다. '글쓰기'였다. 결국 글쓰기 강좌 하나를 선택했다. 그리고 하나 더. 또 하나 더⋯. 자신이 없을 때는 옳다고 생각되는 일부터 하면 된다. 그런 일은 대개 아주 작고 쉬운 일이다. 깜깜한 밤에는 전조등 불빛 너머가 안 보이지만, 그것만으로도 목적지에 다다를 수 있다.

이 이야기는 레지너 브릿이라는 유명한 여성 칼럼니스트가 자신의 삶에서 어떻게 글쓰기가 시작되었는지를 알려주고 있다. 그녀가 처음부터 유명한 칼럼니스트를 꿈꾸었던 것은 아니다. 그녀는 그냥 한걸음 한걸음 주어진 상황을 분별하고 최선의 것을 선택해나갔더니 결국 유명한 칼럼니스트의 자리에 와 있는 자신을 발견했다고 한다.

나는 그의 글을 읽으면서 순간순간 하나님의 뜻을 아무리 잘 분별했더라도 작은 것부터 실행에 옮기는 순종이 없다면 아무 소용이 없음을 깨닫게 되었다. 그녀의 말은 나에게 상당한 도전이 되었다.

살을 빼고 싶다면 감자튀김 대신 샐러드를 주문하라.
더 좋은 친구가 되고 싶다면 문자 대신 전화를 걸어라.
소설을 쓰고 싶다면 책상 앞에 앉아 첫 문장을 써라.

삶에 큰 변화를 주는 것은 두렵지만, 옳다고 생각되는 한걸음을 내딛는 순종은 누구나 할 수 있다. 작은 한걸음을 내딛고 또 한걸음을 내디디면 된다. "주의 말씀은 내 발에 등이요 내 길에 빛이니이다"(시 119:105). 시편 기자의 고백처럼 내 발에 등이 되어주시는 하나님의 음성에 귀를 기울이고 한 번에 한걸음씩, 순종의 걸음을 시작해야 한다.

우리가 하나님의 인도를 받으며 살아가려고 할 때 자주 실수하는 것이 있는데, 너무 멀리 내다보며 한 번에 모든 것을 인도 받으려고 한다는 것이다. 그와 같은 실수는 한 치의 오차도 없이 정확하게 하나님의 인도를 받고 싶은 마음에서 생기는 것이다. 이러한 자세는 표면적으로 하나님의 인도를 신뢰하는 것처럼 보이지만 사실은 온전한 하나님의 인도를 받으려는 마음이 부족한 데서 오는 것일 수 있다. 하나님의 인도에 대한 전적인 신뢰가 있는 사람이라면 미래에 대한 관심보다 현재에 더 관심을 가질 것이다. 하나님께서 어떤 길로 인도하시든 그 길이 가장 좋은 길이라는 것을 믿는 신뢰가 있기 때문이다. 그러므로 지금 현재의 삶에서 순간순간 하나님의 뜻에 순종하며 인도를 받는 것이 중요하다.

조이스 럽은 순례의 길을 도보로 여행하면서 자신의 경험을 통해 몸소 깨달은 하나님의 인도와 현재의 중요성에 대해 충고한다.

톰은 우리가 어디서 화살표를 놓쳤는지 계속 알아내려고 했다. 포르토마린에 다 가도록 그는 계속 그 궁리였다. 톰은 화살표를 놓친 일이 아직도 분했던지 다시 그 이야기로 돌아갔다. 그는 우리가 어디서, 어떻게, 어쩌다가 화살표를 놓쳤는지, 어디서 길을 잘못 들었는지 그것만이라도 알았으면 좋겠다고 했다. 그러자 그 여자가 딱 잘라 말했다.

"그런다고 달라지는 건 없잖아요. 당신은 이렇게 있어야 할 곳에 있잖아요."

쾅! 망치로 머리를 한 대 얻어맞은 것 같았다. 본인은 알았는지 모르지만 그녀는 톰과 나를 다시 현재 속에 데려다놓았다. 포르토 마린을 떠나면서 톰이 생각에 잠긴 듯 이렇게 말했던 것이다.

"나는 늘 내가 어디서 왜 잘못되었는지 알려고 하거든. 그럴 필요가 없는데도 말이오. 우리의 주의력이 부족했다는 것과 앞으로 더 조심해야 한다는 것만 알면 되겠지요. 그러고는 전진해야 되겠지요. 놓친 화살표가 어디에 있었는지 알아내려는 집착은 이제 그만 내려놓아야 되겠소."

조이스 럽은 그 뒤로 인생을 살아가면서 근심이 되거나 불안해질 때면 "나는 미래에 있지 않고 현재 속에 있다"라고 스스로 되뇌는 습관을 기르게 되었다고 한다. 그렇게 스스로에게 말하다 보면 하나님의 임재 속에 깊이 들어가서 하나님의 온전한 인도를 경험하게 된다는 것이다. 그녀의 충고처럼 우리가 과거나 미래가 아니라 발을 딛고 있는 현재에 집중할 때 지금 선택의 순간, 분별의 때에 말씀하시는 하나님께 집중하게 되고, 우리의 내면은 더욱 개방적이고 수용적이 되어 하나님과 깊은 교제를 나누며 동행하게 되는 것이다. 그러므로 한 번에 한걸음씩 순종하라. 당신이 할 수 있는 작은 순종부터 시작하라. 그러다 보면 어느 순간 하나님의 인도를 따라 온전한 영적 분별의 길을 걷고 있을 것이다.

순종하지 않으면 소용없다

아무리 탁월한 분별력을 지녔다 할지라도 순종하지 않으면 아무 소용이 없다. 왜냐하면 내가 잘 분별했는지 아닌지 확인하는 방법은 순종밖에 없기 때문이다. 아무리 확실한 하나님의 음성을 들었다 할지라도 순종하지 않으면 그것이 확실한 하나님의 음성인지 확인할 방법이 없다. 순종한다는 것은 나의 지각을 뛰어넘는 하나님의 지혜와 우리 인생을 향한 하나님의 주권을 인정한다는 것이다. 우리 중 누구도 하나님의 뜻을 분별함에 있어서 순종 없이 분별할 수 있는 능력을 가진 사람은 없다. 만약 그런 사람이 있다면 그는 지극히 교만한 사람일 것이다. 우리가 어떻게 하나님의 뜻을 다 알 수 있고, 하나님을 온전히 이해할 수 있겠는가?

그래서 순종은 믿음을 동반한다. 신념이 아니라 신뢰다. 믿겠다는 다짐이 아니라 가장 좋은 길로 인도하시는 하나님을 향한 온전한 신뢰가 순종을 낳는다. 여호와 하나님은 선한 목자시다(시 23편). 그는 또한 능하신 목자로서 우리를 보살펴주신다. 목자는 양을 인도한다. 푸른 풀밭으로, 쉴만한 물가로 인도한다. 목자가 인도하는 길이라고 해서 항상 좋은 길만 있는 것은 아니다. 어떤 때는 사망의 음침한 골짜기를 지나가기도 한다. 그러나 두려워하지 않아도 되는 것은 그 길을 인도하는 분이 바로 선한 목자이기 때문이다. 우리는 선한 목자를 신뢰하고 그가 인도하는 길로 순종함으로 나아가면 된다. 하나님은 자기 이름의 영광을 위해 우리를 의의 길로 인도해주시는 분이라는 것을 우리는 믿어야 한다.

나는 양, 그분은 나의 목자. 가만히 지난 세월을 돌아보는데 문득 시편 23편이 떠올랐다. 나의 삶을 돌아보니 푸른 풀밭도 있었고 쉴 만한 물가도 있었다. 다시는 지나가고 싶지 않은 사망의 음침한 골짜기도 있었다. 분명한 것 한 가지는 하나님께서는 나를 떠나신 적이 없다는 것이다. 행복했던 길이든 험난했던 길이든 하나님께서 나를 그 길로 인도하셨다. 왜 나를 그와 같은 아픔의 길, 외롭고, 하염없이 눈물 흘리며 절규하게 만들었던 그 길로 인도하셨는지 시편 23편 말씀을 통해 새삼 깨닫는다. 그때 내가 할 수 있는 것은 묵묵히 목자의 인도를 따라 그 길을 가는 것밖에 없었다. 어느 길이 좋은 길인지, 어떤 길로 가야 하는지 고민하며 불안해하며 안절부절하기보다 한걸음 한걸음 목자의 소리(지팡이와 막대기로 양떼를 몰 때 나는 소리)를 들으려고 애썼다. 나는 소리를 듣고 싶었다. 목자의 소리, 하나님의 음성을 듣고 싶었다. 하나님은 말씀묵상이라는 지팡이와 막대기로 나를 인도해주셨다. 정말 주님의 말씀은 내 발의 등(시119:105)이었다. 나를 인도하는 목자의 소리에 한걸음 한걸음 순종하는 것밖에 다른 방법이 없었다. 묵묵히 말씀을 묵상하고 그날 주시는 말씀에 순종하는 삶을 살았다. 그리고 나는 선한 목자의 인도를 따라 지금에 이르게 되었음을 깨닫는다.

지난 시간들을 돌아볼 때 감사한 것은 어릴 시절부터 말씀을 묵상하는 법을 배우게 하시고, 지금까지 말씀묵상의 끈을 놓지 않게 하신 것이다. 그 덕택에 나는 말씀을 통해 인도하시는 선한 목자이신 하나님을 만나고 그분의 인도를 받고 있다. 지금까지 나를 말씀으로 인도해주셨던 하나님께서 지금 당신의 선한 목자가 되어 당신의 삶을 인도해주실 것을 믿는다. 날마다 말씀을 반복해서 소리 내어 읽고 묵상하여 깨달은 대로 실천하는 순종의 삶을 살아가려는 당신에게, 하나님은 선한 목자가 되어주실 것이다.

성경을 소리 내어 읽어라.

때를 따라 묵상하라.

깨달은 대로 순종하라.

깨달은 것을 서로 나누라.

그리고,

어떠한 일이 있어서 말씀묵상을 포기하지 말라.

교회 다니면서 큐티도 몰라?

초판 1쇄 발행 2012년 11월 25일
초판 9쇄 발행 2013년 4월 20일

지은이 이창용
펴낸이 오정현
펴낸곳 도서출판 국제제자훈련원

등록 제22-1240호(1997년 12월 5일)
주소 (137-865) 서울시 서초구 서초1동 1443-26
e-mail dmipress@sarang.org **홈페이지** www.discipleN.com
전화 (02)3489-4300 **팩스** (02)3489-4309

ISBN 978-89-5731-600-9 03230

※ 책값은 뒤표지에 있습니다. 잘못된 책은 구입하신 곳에서 교환해 드립니다.